GO! GO!
과학
특공대
28

신기하고 놀라운
삼각형

정완상 지음

BooksHill
이치사이언스

이 책은 각 스테이지별로 재미있는 이야기와 함께 다채로운 코너들로 꾸며져 있습니다.

수학 동화
주인공과 함께 가상현실을 모험하면서 수학 원리와 개념을 쉽고 재미있게 익힐 수 있어요.

수학 영재 되기
이야기에 나왔던 수학 원리와 개념을 교과서와 연관하여 보다 자세하게 배울 수 있어요.

실력 쌓기 퀴즈퀴즈
기본 다지기 / 서프라이즈 진실 혹은 거짓 / 알쏭달쏭 내 생각 등의 다양한 퀴즈를 통해 학습 개념과 관련된 놀랍고 흥미로운 사실들을 알 수 있어요.

부록 : 수학자가 쓰는 수학사
이 책의 내용과 관련 있는 수학자가 직접 들려주는 자신의 삶과 업적을 통해 수학자를 더욱 친근하게 만날 수 있어요.

추천의 글

여러분은 상상이 잘 안 되겠지만 선생님은 초등학교 시절 교과서 외에 읽을 수 있는 책이 없었습니다. 한 권 있는 지도책을 보고 또 보며 세계 여러 나라와 도시 이름을 외우며 상상의 나래를 펼치곤 했지요.

50여 년이 지난 지금도 그때 너덜너덜해진 지도책을 생각하면 저절로 지구상의 모든 나라들이 머릿속에 그려집니다. 읍내에 있는 중학교에 들어가면서 다행히 뉴턴과 아인슈타인, 에디슨 등과 같은 인물들을 책으로 만날 수 있었지요. 그때부터 선생님은 과학자가 되겠다는 꿈을 키웠고, 대학에서 과학을 전공하여 교수가 되었습니다.

책은 우리 미래를 밝히는 등대입니다. 선생님은 "GO! GO! 과학특공대"가 여러분을 더 넓은 세상과 더 나은 미래로 이끄는 푸른 신호등이 되리라 확신합니다. 여러분이 학교에서 배우고 있는 내용들을 즐겁고 재미있게 느끼도록 만들었으니까요.

위대한 과학자 뉴턴은 "나는 진리의 바닷가에서 반짝이는 조개껍질 하나를 줍고 기뻐하는 어린아이와 같다."라고 했습니다. 여러분도 "GO! GO! 과학특공대"를 읽고 뉴턴이 느꼈던 그 기쁨을 마음껏 누려보길 바랍니다.

전우수(전 한국 초등과학교육학회 회장 · 공주교육대학교 교수)

이 책을 읽는 어린이들에게

 언제나 날 본체만체하는 우리집 야옹이를 알아가는 것, 친구와 하는 내기에서 빨리 셈하는 방법을 알아내는 것, 밤하늘의 반짝이는 별들의 이름을 찾아보는 것은 즐거운 일이지만, 생물을 공부하고, 수학을 공부하고, 과학을 공부하는 것은 어렵습니다.
 아니, 솔직하게 말해서 공부는 어렵다기보다 하기 싫은 것이죠. 그럼 왜 공부가 하기 싫을까요? 그것은 어른들한테도 어느 정도 책임이 있답니다. 어른들은 1등, 2등밖에 모르기 때문입니다. 사실 엄마 아빠도 모두가 1, 2등을 한 것도 아니면서 말입니다.
 학교 갔다 와서 친구들과 축구를 한다거나 컴퓨터 게임을 하면 재미있죠. 맞습니다. 이 글을 쓴 선생님도 학교 갔다 오면 친구들과 동네를 휩쓸고 다니며 노는 것이 공부보다 즐거웠답니다. 그렇게 놀기만 하다 보니 공부가 점점 더 싫어지더라고요.
 그러다가 된통 어머니께 꾸중을 들은 날이 있었습니다. 그날 눈물콧물 줄줄 흘리며 혼자 방 안에 앉아 있는데 '그렇게 놀기만 해서는 커서 빈털터리 건달밖에 안 돼.'라는 어머니 말씀이 자꾸 생각나더라고요. 그래서 공부하는 데 취미를 붙여 보려고 책 읽는 연습부터 했죠. 하기 싫은 것을 억지로 한다고 해서 될 것이 아니라는 것을 알았기 때문에, 책 읽는 연습부터 한 거예요.
 일을 안 하고는 생활할 수 없듯이, 여러분도 아주 조금씩이라도 공부에 관심을 가져야 합니다. 이건 경험을 통해 알게 된 거예요.

그래서 전 어렸을 때 저처럼 아주 공부하기를 지겨워하는 학생들을 위해 이 책을 썼습니다. 이 책을 재미있게 읽다 보면 몰입하는 즐거움을 느낄 수 있습니다.

몰입이 뭐냐고요? 몰입은 한 가지 일에 푹 빠지는 것을 말합니다. 그러다 보면 바깥이 궁금하거나 컴퓨터를 켜고 싶은 생각은 싹 사라지고, 궁둥이도 무거워지겠지요.

이 책에서 여러분은 꼭 배워야 할 내용들을 생활이며, 체험이며, 놀며 즐기는 놀이로 알아갈 수 있습니다. 어떻게 그렇게 하냐고요? 이 책을 통하면 못할 것이 없습니다. 어디든 갈 수 있고 무엇이든 할 수 있죠. 이 책의 주인공들이 경험하는 일들은 모두 우리가 배워야 할 것들이고, 신기하게도 이 친구들을 따라가다 보면 지겨울 틈도, 졸릴 틈도 없답니다.

사실이냐고요? 그럼 선생님 말이 맞나 안 맞나 확인해 보면 되죠. 책장을 펼치고 기대해 보세요. 선생님이 공부를 즐겁게 할 수 있는 마법을 걸어 줄게요. 준비가 되었다면 힘차게 책장을 넘겨 봅시다.

지은이 씀

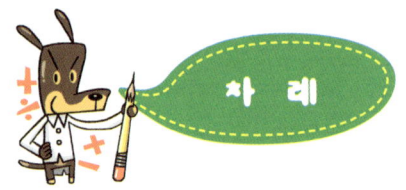

차 례

삼각형 | **주인공 소개** ★ 08

스테이지 1 **삼각제국 꽃미남 얼짱대회** 삼각형의 성질 ★ 10

수학 영재 되기_ 28
- 삼각형 / 삼각형의 넓이 / 삼각형과 각도
- 생활 수학 카페 : 트러스 구조_ 32

실력 쌓기 퀴즈퀴즈_ 33
- 기본 다지기 / 서프라이즈 진실 혹은 거짓 / 알쏭달쏭 내 생각

아하! 알았다 정답_ 36

스테이지 2 **뾰족탑을 지어라** 삼각형의 닮음 ★ 38

수학 영재 되기_ 56
- 삼각형의 닮음
- 생활 수학 카페 : 그림자로 건물의 높이 재기_ 58

실력 쌓기 퀴즈퀴즈_ 59
- 기본 다지기 / 서프라이즈 진실 혹은 거짓 / 알쏭달쏭 내 생각

아하! 알았다 정답_ 62

스테이지 3   로미오와 줄리엣   피타고라스의 정리   ★ 64

수학 영재 되기_ 86
- 피타고라스의 정리
- 생활 수학 카페 : 거울의 반사와 삼각형_ 91

실력 쌓기 퀴즈퀴즈_ 92
- 기본 다지기 / 서프라이즈 진실 혹은 거짓 / 알쏭달쏭 내 생각

아하! 알았다 정답_ 94

스테이지 4   퍼즐 대회   삼각형 퍼즐   ★ 96

수학 영재 되기_ 116
- 삼각형 퍼즐
- 생활 수학 카페 : 성냥개비 퍼즐_ 121

실력 쌓기 퀴즈퀴즈_ 122
- 기본 다지기 / 서프라이즈 진실 혹은 거짓 / 알쏭달쏭 내 생각

아하! 알았다 정답_ 125

부록 | 탈레스가 쓰는 수학사   ★ 128

[주인공 소개]

매쓰팬

수학천재 매쓰팬은 12살 소년이다.

매쓰팬은 다른 아이들처럼 학교에 다니지 않고,

아빠가 만들어 주신 MR로 무엇이든 공부할 수 있다.

MR은 Mathematical Reality!

번역하면 '수학현실'이라는 프로그램이다.

우리가 가상현실 게임 속에서

로켓 조종사가 되기도 하고

골프선수가 되기도 하듯

매쓰팬은 MR을 통해 다양한 세계를 여행하면서

수학에 대한 모든 것을 배울 수 있다.

매쓰팬이 오늘 배우고 싶은 주제는 '삼각형'에 관한 것이다.
수학천재에게 그런 게 왜 필요하냐고?
아빠는 기본 개념에 충실해야 한다고 항상 강조하신다.
그래서 매쓰팬은 삼각형에 대한 MR을 시행하기로 결심했다.
매쓰팬이 MR의 초기화면에서 '**수학** 〉 **삼각형**'을 선택하자
다음과 같은 메시지가 나타났다.

삼각형에 대한 MR 프로그램입니다.
당신은 다음 상황을 체험하게 됩니다.

☐ 삼각제국 여행

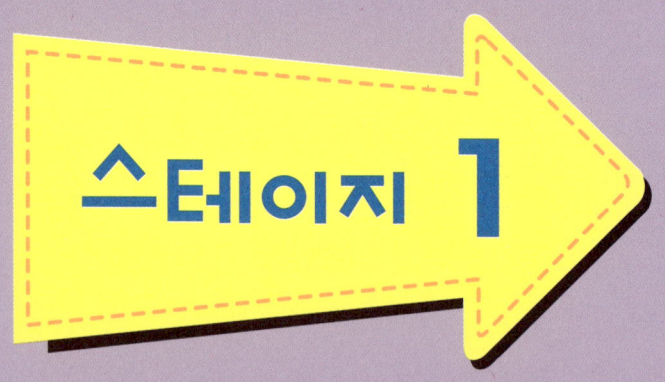

삼각제국 꽃미남 얼짱대회
삼각형의 성질

세 변과 세 각을 가진 도형을 **삼각형**이라고 한다.
삼각형의 넓이는 밑변과 높이의 곱을 2로 나눈 값이다.

삼각제국은 세 개의 섬으로 이루어져 있다. 탐험을 위해 매쓰팬이 가게 된 곳이 바로 그 삼각제국이었다. 매쓰팬은 그곳에서 삼각형에 대해 연구하고 공부하여 세계 최고의 삼각형 도사가 되어 볼 작정이었다.

삼각제국에 도착한 매쓰팬은 가장 먼저 트라이 왕을 만나게 되었다. 수학천재 매쓰팬이 자신의 제국을 방문한다는 소식을 들은 왕이 신하들의 만류에도 불구하고 몸소 마중을 나온 것이었다.

하지만 트라이 왕은 배에서 내린 매쓰팬을 위아래로 쭉 훑어보고는 못마땅한 표정으로 입을 열었다.

"나는 삼각제국의 왕 트라이라고 하네. 그런데 자넨……, 자네는 참으로 추남이로군."

"추남이라면…… 추운 남쪽나라? 가을 남자?"

"허허, 편한 대로 생각하게."

매쓰팬은 자신을 못생겼다고 말하는 늙은 트라이 왕의 몰골이 더 이상하다고 생각했다. 그는 우습게도 희끗거리는 머리카락에 세모난 턱, 세모난 눈, 세모나게 기른 턱수염을

하고 있었다. 그런 트라이 왕은 이곳 사람들로부터 잘 생겼다고 칭송받고, 반면 귀엽게 생긴 매쓰팬은 추남이라는 걱정을 듣고 있는 것이었다. 하지만 매쓰팬은 국왕의 앞인지라 감히 뭐라고 말을 못하고 묵묵히 자신을 소개했다.

"저는 매쓰팬이라고 합니다. 삼각형을 좋아해서 이렇게 삼각제국까지 오게 됐어요. 모쪼록 임금님의 궁전에 머무르게 해 주시면 정말 감사하겠나이다."

매쓰팬은 트라이 왕에게 예의바르게 말했다.

"그래, 그래. 그렇게 하게. 궁에서 맘껏 즐기다 떠나게! 아 참, 조금 있으면 우리 왕국에 꽃미남 대회가 열리는데 그 구경 또한 재밌을 걸세."

"감사합니다."

트라이 왕은 매쓰팬을 향해 씁쓸한 웃음을 지어보였다. 자신이 보기에 매쓰팬은 참으로 못나 보였기 때문이었다.

매쓰팬과 트라이 왕은 궁으로 가면서 수학에 관한 이런저런 이야기를 나누었다. 트라이 왕은 무엇보다도 삼각형에 대해 큰 흥미를 보였다.

궁에 도착해 숙소를 안내 받은 매쓰팬은 트라이 왕과 헤어졌다.

'내 얼굴이 어디가 어떻단 말이지? 이 오뚝한 콧날, 이글이글 타오르는 눈동자, 촉촉한 입술, 뭘 더 바래!'

매쓰팬은 트라이 왕이 추남이라고 한 말이 몹시 신경이 쓰였다. 처음에는 왕이 그냥 하는 소리인줄 알았지만 재차 못생겼다고 하자 매쓰팬은 자신이 정말로 그렇게 못생겼나 하고 의기소침해지고 말았다.

매쓰팬은 거울에 얼굴을 비춰보았다.

"자~ 알만 생겼구만…… 흥!"

매쓰팬이 열심히 거울 속 자신의 얼굴을 들여다보고 있을 때, 갑자기 요란한 나팔소리와 함께 사람들의 함성이 들려왔다. 트라이 왕이 말한 꽃미남 얼짱대회가 드디어 시작된 모양이었다. 매쓰팬은 급히 창가로 가서 창밖으로 고개를 쑥 내밀었다. 색색의 색종이들이 화려하게 공중을 수놓으며 흩날리고 있었다.

"음, 재밌을 것 같은데! 어디 삼각제국의 최고 얼짱이 누군지 구경 한번 해 볼까?"

매쓰팬은 기대감에 부풀어 중얼거렸다. 그리고는 눈 깜짝할 사이에 후다닥, 계단을 뛰어 내려갔다.

"오, 매쓰팬! 마침 내려오는군! 지금 열리는 꽃미남 축제는 귀족과 왕족 들만 참석할 수 있는 축제라 내 자네를 데려가려고 이렇게 왔지! 자, 어서 가 보세!"

친히 매쓰팬의 숙소까지 찾아온 트라이 왕이 말했다.

하지만 매쓰팬은 왕의 말이 전혀 들리지 않았다. 그와 함께 온 삼각 공주에게 첫눈에 반해 정신을 송두리째 빼앗겼기 때문이었다. 매쓰팬은 두 눈이 풀린 채로 넋을 놓고 공주를 바라보았다.

삼각 공주가 가볍게 기침을 하자 그때서야 정신을 차린 매쓰팬이 갑자기 큰소리로 외쳤다.

"영광입니다!"

매쓰팬은 트라이 왕과 함께 사뿐사뿐 걸어가는 삼각 공주의 뒤를 설레는 마음으로 따라갔다.

매쓰팬 일행이 대회장에 도착하여 자리를 잡고 앉자 화려한 꽃미남 얼짱대회가 시작되었다. 사회자의 진행에 따라 꽃미남 후보들이 자신 있는 표정으로 입장했다.

그런데 막상 후보들의 등장이 모두 끝이 나자 매쓰팬은 실망하고 말았다.

"엉? 임금님! 어찌 후보가 세 명뿐이에요?"

매쓰팬이 어리둥절한 표정으로 물었다.

"허허허…… 그러게 말일세. 우리 아들들이 제일 잘생겨 쟁쟁한 후보들을 다 제치고 이렇게 결승에 오른 것일세!"

"아들들…… 아니, 모두 왕자님들이라고요?"

매쓰팬은 또 한 번 놀란 마음을 누르고 물었다.

"그렇다네. 난 이 후보들 중 제일 잘생긴 왕자에게 이 제국을 물려줄 생각일세."

트라이 왕은 너털웃음을 보이며 흡족해했지만 매쓰팬은 여전히 어리둥절하기만 했다.

'뭐야? 자기네끼리 축제를 하는군! 삼각 공주가 옆에 앉아 있으니 갈 수도 없고…… 그냥 지켜보는 수밖에.'

매쓰팬은 대회가 한심하기 짝이 없었다. 게다가 왕자들의 꽃미남이라는 얼굴은 도무지 이해가 되지 않았다.

"꽃미남 첫 번째 후보 다이아 왕자이옵니다!"

다이아 왕자가 자칭 '꽃미남'이라고 자신을 소개하며 트라이 왕과 귀족들을 향해 인사했다. 매쓰팬의 눈에는 뾰족뾰족 모난 모양의 얼굴에 다이아몬드 모양의 눈, 그리고 나머지 코와 입이 뒤죽박죽 붙어 있는 완전히 모여라 꿈동산이었다. 매쓰팬은 꽃미남이라는 말이 어이가 없어 절로 한숨이 터져 나왔다.

"꽃미남 두 번째 후보 사각 왕자입니다."

사각 왕자는 사각 도시락처럼 각진 얼굴이었다. 턱 선이 얼마나 예리한지 잘하면 과일도 깎을 수 있을 것 같았다.

"세 번째 후보 둥글이 왕자예용~."

앞의 두 왕자와 다르게 둥글둥글 생긴 둥글이 왕자 또한 매쓰팬이 보기에는 꽃미남과는 거리가 멀어보였다. 넙데데한 둥근 얼굴에 눈, 코, 입이 따로 놀고 있었다.

그 밖에도 왕자들은 왕족답게 하얀 스타킹에 승마바지를 입고, 높은 굽의 구두를 신은 채 얼굴에는 허옇게 화장까지 하고 있었다. 왕자들은 패션모델처럼 워킹을 선보이기도 하고, 시낭송을 해 보이기도 했다.

"허허허, 매쓰팬. 우리 왕자들 정말 대단하지 않은가?"

트라이 왕은 매쓰팬을 돌아보며 흐뭇한 미소를 지어보였다.

"아, 네…… 세 분의 왕자님들이 모두 아주 훌륭한 외모를 갖고 있네요."

매쓰팬이 말했다. 세 왕자의 외모에 대해 실망한 마음을 드러냈다가 트라이 왕이 충격이라도 받게 되면 삼각형 연구를 하기도 전에 추방될 게 뻔했다. 트라이 왕은 뿌듯하

고 자랑스러운 표정으로 왕자들을 바라보았다.

"어쨌거나…… 삼각제국에는 아직 나만한 사람이 없어 고민이로군."

뜬금없는 트라이 왕의 탄식에 매쓰팬은 왕을 멀뚱멀뚱

쳐다보았다.

"아니? 이름하야 삼각제국인데 나처럼 삼각형 얼굴의 원조 꽃미남을 찾아볼 수 없다니! 어흐흑, 우리 왕자들조차 전부……."

"트라이 임금님처럼 완벽하게 잘생길 필요가 있을까요? 요즘엔 개성 있는 얼굴이 짱이에요."

매쓰팬은 그제야 삼각제국에서는 아름다움의 기준이 삼각형의 얼굴형이란 것을 알게 되었다. 매쓰팬은 눈물을 흘리면서까지 삼각형 얼굴이 없음을 슬퍼하는 트라이 왕을 위로하기 위해 애썼다.

매쓰팬과 트라이 왕의 대화를 듣고 있던 첫째 왕자가 트라이 왕에게 다가왔다.

"아버지 첫째인 제게 이 나라를 물려줘야 하지 않습니까? 꽃미남 대회의 일등은 바로 접니다. 저 다이아!"

다이아 왕자는 트라이 왕에게 몸을 기댄 채 동생들이 듣지 못하도록 한 손으로 입을 가리고 속삭였다. 하지만 목소리가 그곳에 있는 사람들이 모두 들을 수 있을 만큼 컸다. 그러자 둘째 사각 왕자가 발끈하여 말했다.

"무슨 말입니까? 아버지, 형님은 욕심이 너무 많아 분명한 나라를 다스리기에는 아직 많이 부족합니다!"

이때, 셋째까지 끼어들었다.

"아버지잉~ 제게 이 나라를 물려 주셔야지용! 아버지는 막내인 저를 가장 아끼시잖아요. 괜히 형들 앞이라 말 못 하시는 거죠? 어서 제가 임금 자리를 물려받을 거라고 대답해 주세요! 아앙~."

어느새 세 왕자는 서로 자기가 왕위를 물려받아야 한다며 싸우기 시작했다. 순식간에 꽃미남 얼짱대회장은 아수라장이 되고 말았다.

"어허…… 이것 참 낭패로세. 내가 괜한 일을 벌인 것이 아닌가?"

트라이 왕은 왕위를 물려받기 위해 자신과 귀족들 앞에서 서로 싸우는 세 왕자를 보며 큰 충격을 받았다. 하지만 왕자들은 다른 사람들은 아랑곳하지 않고 서로 다투는 데 열중했다.

이윽고 트라이 왕이 한숨을 지으며 말했다.

"왕자들아, 잘 듣거라! 나는 너희 모두를 사랑한다. 그러니 공평하게 모두에게 똑같이 삼각제국을 나누어 줄 것이다. 걱정하지 말라! 아, 머리가 깨질 듯이 아프구나. 이만 이 대회를 끝내야겠다."

트라이 왕이 힘없이 고개를 저었다.

"아버지! 누구에게 어느 섬을 주실 건지 말씀해 주십시오! 아버지!"

첫째 다이아 왕자가 소리쳤다.

세 개의 섬으로 이루어져 있는 삼각제국의 어떤 섬을 어느 왕자에게 줄 것인지 그것을 말해달라는 것이었다.

"오빠들 정말 너무 하세요. 지금 아버지는 안정을 취해야 한다고요. 제발, 그만들 해요!"

트라이 왕을 부축하며 삼각 공주가 왕자들을 향해 말했다.

"괜찮다, 삼각 공주야."

트라이 왕이 삼각 공주에게 힘없이 말했다. 왕은 잠시 숨을 고른 후 세 왕자에게 말했다.

"동쪽 제일 끝에 있는 트라이 원은 첫째 왕자 다이아, 트라이 투는 둘째 사각 왕자, 트라이 쓰리는 셋째 왕자가 물려받게 될 것이다. 셋이 공평하게 제국을 나눠가지게 되었으니 아무런 불만이 없겠지. 이제 됐느냐?"

 트라이 왕은 말을 마치고는 삼각 공주의 부축을 받으며 얼짱대회장을 떠났다. 세 왕자에게 물려준 섬의 모양은 다음과 같았다.

잠시 세 왕자의 다툼이 잦아드는가 싶더니 얼마 지나지 않아 왕자들은 다시 언성을 높이며 불만을 토해내기 시작했다.

"아잉~ 왜 내 땅이 제일 작냐 말이야!"

트라이 쓰리 섬을 받게 될 둥글이 왕자가 말했다.

"아냐, 내 땅이 막내 것보다 작은 것 같아."

트라이 투 섬을 받게 될 사각 왕자 역시 자기 섬이 작다며 투덜댔다.

"그럼 내 땅이 제일 큰 건가?"

트라이 원 섬을 물려받게 될 다이아 왕자 역시 고개를 갸우뚱거리며 지도를 살펴보았다. 하지만 이내 다이아 왕자 역시 자신이 물려받게 될 섬이 작다며 투덜거리기 시작했다. 결국 세 왕자는 다시 삼각제국의 영토를 놓고 다투기 시작했다.

매쓰팬은 아버지를 걱정하기는커녕 땅따먹기에만 열을 올리는 세 왕자들이 실망스러웠다.

"얼짱 왕자님들, 모두 진정하세요. 삼각형 모양의 세 섬의 크기는 모두 똑같아요!"

"뭐라고? 섬 모양이 모두 다른데 어떻게 똑같을 수가 있어. 지금 농담하는 거냐?"

"맞아. 그건 말도 안 돼!"

"흥, 틀림없이 못생긴 매쓰팬이 우릴 놀리는 거야."

매쓰팬의 말에 세 왕자가 각자 한 마디씩 내뱉었다.

매쓰팬은 화가 났지만 왕자들의 말을 무시하고 차근차근 설명하기 시작했다.

"세 섬, 즉 세 삼각형의 밑변의 길이와 높이가 같기 때문에 크기가 같은 거예요. 삼각형의 넓이는 밑변의 길이와 높이의 곱을 2로 나눈 값이니까, 그 두 개가 같으면 모양과 관계없이 넓이가 같거든요."

얼짱 왕자들은 매쓰팬의 설명을 들으며 놀라는 눈치였다.

한편, 다시 돌아온 삼각 공주는 그 모든 광경을 지켜보았다. 그리고 어느새 삼각 공주의 마음속에 매쓰팬에 대한 호감과 신뢰감이 싹트기 시작했다.

당신은 스테이지 1을 통과했습니다.
다음 아이템을 받을 수 있습니다.

길이가 1미터인 막대기

삼각형

삼각형은 세 변과 세 점을 가지고 있는 우리와 아주 친숙한 도형입니다. 지금부터 삼각형에 대해서 알아볼게요. 우선 다음 삼각형을 봅시다.

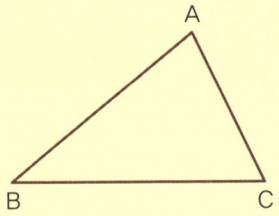

삼각형의 두 변이 만나는 점은 A, B, C 이군요. 이 세 점을 삼각형의 **꼭짓점**이라고 부릅니다. 그리고 이 삼각형은 '삼각형 ABC'라고 부르지요.

이번에는 삼각형의 변에 대해 알아볼까요? 점 A와 점 B를 연결한 선분을 '선분 AB'라고 합니다. 이렇게 두 꼭짓점을 이은 선분을 삼각형의 **변**이라고 불러요. 이 삼각형에는 선분 AB, 선분 BC, 선분 CA가 있군요. 이 중에서 선분 BC는 밑에 놓여 있는 변이기 때문에 '밑변'이라고 부릅니다.

이번에는 다음과 같은 선을 보세요.

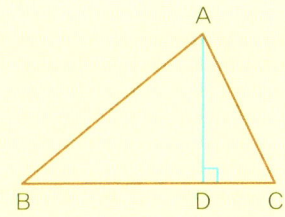

점 D는 A에서 선분 BC와 수직으로 만나는 선을 그렸을 때 두 선분이 만나는 점이죠? 이렇게 밑변과 수직으로 만나는 선을 '수선'이라고 부르는데, 이 수선의 길이를 삼각형의 **높이**라고 부릅니다.

삼각형의 넓이

삼각형은 면을 가지고 있으므로 넓이를 가집니다. 이번에는 삼각형의 넓이의 공식을 알아볼게요.

　직사각형의 넓이는 가로의 길이와 세로의 길이를 곱하면 간단히 구할 수 있어요. 삼각형의 넓이는 바로 이것을 이용합니다. 다음 그림을 볼까요?

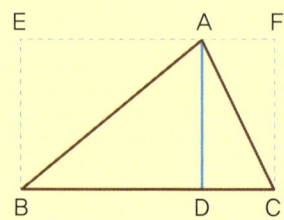

　삼각형 ABD의 넓이는 삼각형 AEB의 넓이와 같고, 삼각형 ADC의 넓이와 같은 삼각형은 삼각형 ACF이군요. 그러므로 삼각형 ABC의 넓이는 직사각형 EBCF의 넓이의 절반이 됩니다. 그런데 이 직사각형의 가로의 길이는 삼각형 ABC의 밑변인 BC와 같고, 세로의 길이는 높이 AD와 같지요? 그러니까 삼각형 ABC의 넓이는 밑변의 길이와 높이의 곱의 절반이 됩니다. 즉 다음과 같지요.

$$삼각형의\ 넓이 = (밑변의\ 길이) \times (높이) \div 2$$

삼각형과 각도

이번에는 삼각형과 관련된 각도 이야기를 해 볼게요. 삼각형에서 두 변이 만드는 각은 3개입니다. 이렇게 삼각형의 안쪽에 생기는 각을 **내각**이라고 불러요. 다음의 삼각형에는 ∠A, ∠B, ∠C 3개의 내각이 있군요.

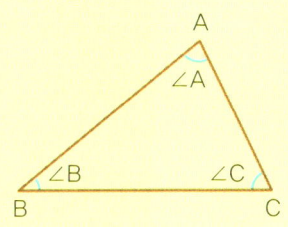

삼각형의 세 내각의 합은 항상 180°입니다. 그것을 간단하게 확인할 수 있는 방법이 있어요. 먼저 종이로 삼각형을 만든 다음, 삼각형의 세 귀퉁이를 자른 후 붙여 보면 일직선을 이루는데 그 일직선이 바로 180°입니다.

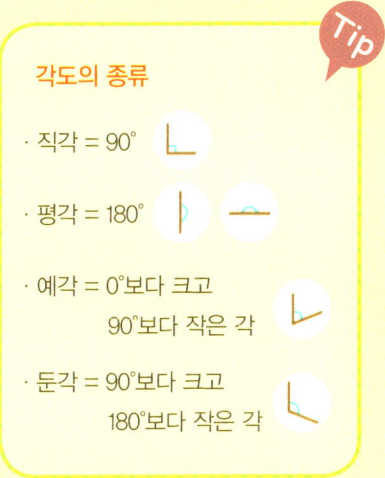

각도의 종류

· 직각 = 90°

· 평각 = 180°

· 예각 = 0°보다 크고 90°보다 작은 각

· 둔각 = 90°보다 크고 180°보다 작은 각

생활 수학 카페

트러스 구조

도쿄 타워

강철이나 나무를 삼각형 모양으로 연결하여 건축물을 만드는 것을 트러스 구조라고 합니다. '트러스 구조'는 교량이나 지붕처럼 넓은 공간에 걸치는 구조물로 많이 쓰이지요.

그런데 트러스 구조에서는 왜 사각형이나 오각형을 사용하지 않고 삼각형만을 사용할까요? 그 이유는 삼각형으로 트러스 구조를 만들면 다른 도형으로 구조물을 만들 때보다 쉽게 변형이 일어나지 않아서 안정된 구조물을 만들 수 있기 때문입니다. 그래서 트러스 구조는 무거운 무게를 지탱해야 하는 교량과 같은 구조물에서 주로 사용되지요.

트러스 구조를 이용한 대표적인 건축물로는 일본의 도쿄에 있는 도쿄 타워가 있어요.

기본 다지기

1. 다음 삼각형의 넓이를 구하라.

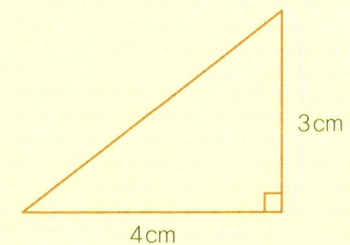

2. 정삼각형의 한 내각의 크기는 얼마인가?

   a) 30° b) 45° c) 60°

3. 어떤 삼각형의 밑변의 길이가 3cm이고 높이가 4cm일 때 이 삼각형의 넓이는?

   a) 6cm^2 b) 12cm^2 c) 18cm^2

> 서프라이즈 진실 혹은 거짓

1. 세 점을 선으로 이으면 항상 삼각형이 만들어진다.

    ☐ 진실   ☐ 거짓

2. 3개의 막대기를 이어붙이면 항상 삼각형을 만들 수 있다.

    ☐ 진실   ☐ 거짓

3. 삼각형에서 다른 두 각의 합이 105°면 다른 한 각의 크기는 75°다.

    ☐ 진실   ☐ 거짓

알쏭달쏭 내 생각

세모 씨는 삼각형 모양의 울타리를 만들기 위해 조립식 판자를 파는 가게에서 세 종류의 판자를 사왔다. 세 판자의 길이는 각각 1m 60cm, 1m 80cm, 3m 40cm 였다.

과연 세모 씨는 삼각형 울타리를 만들 수 있을까? 여러분의 생각은?

☐ 만들 수 있다.   ☐ 만들 수 없다.

기본 다지기

1. 6 (cm^2)
   밑변의 길이는 4cm 이고 높이는 3cm 이므로 넓이는
   $4 \times 3 \div 2 = 6$ (cm^2)이다.

2. c)
   삼각형의 세 내각의 합은 180°다. 정삼각형은 세 내각의 크기가 같으므로 한 내각의 크기는 60°다.

3. a)

서프라이즈 진실 혹은 거짓

1. 거짓
   세 점이 일직선상에 있으면 삼각형이 만들어지지 않는다.

2. 거짓

3개의 선으로 삼각형을 만들기 위해서는 가장 긴 선이 다른 두 선 길이의 합보다 항상 작아야 한다. 예를 들어 3개의 선 길이가 각각 2cm, 3cm, 6cm라면 가장 긴 선의 길이인 6cm가 다른 두 선 길이의 합인 5cm보다 크기 때문에 이 3개의 선으로는 삼각형을 만들 수 없다.

3. 진실

삼각형의 세 내각의 합이 180°이므로, 두 각의 합이 105°면 다른 한 각의 합은 180−105 = 75(°)가 된다.

알쏭달쏭 내 생각

답 만들 수 없다.

세 판자의 길이를 cm 단위로 바꾸면 각각 160cm, 180cm, 340cm다. 그런데 가장 긴 판자의 길이가 다른 두 판자의 길이의 합과 같으므로, 이 세 판자로는 삼각형 울타리를 만들 수 없다.

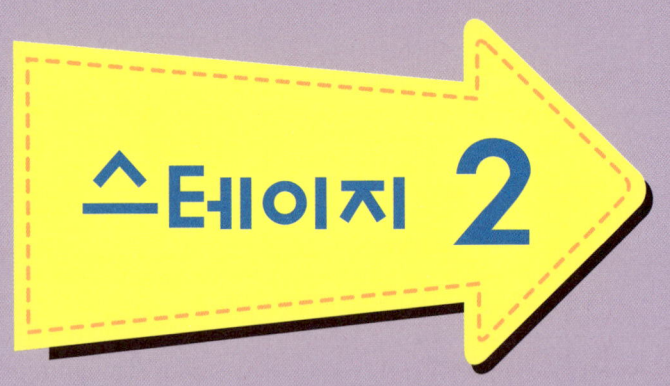

스테이지 2

뾰족탑을 지어라
삼각형의 닮음

세 각이 같은 두 삼각형은 비슷한 모양을 갖는데 이런 두 삼각형을 **닮음** 관계에 있다고 한다.

매쓰팬의 도움으로 세 왕자의 싸움은 진정되었다. 그리하여 모처럼 삼각제국의 왕실은 조용한 나날을 보내고 있었다.

"아휴…… 따분해. 왕자들이 안 싸우니까 조용하구나. 삼각제국에 다른 재밌는 일이 없을까?"

지루함을 견디다 못한 매쓰팬은 삼각 공주를 만날 수 있지 않을까 하는 기대감에 정원을 거닐고 있었다. 바람에 실려 온 향긋한 꽃향기가 매쓰팬의 코를 간지럽혔다. 매쓰팬이 탐스럽게 피어 있는 장미 덤불 근처에 다다랐을 때 콧소리가 섞인 여자 목소리가 들려왔다.

"트라이~ 당신은 이 클레오를 사랑하나요? 그렇다면 저를 위해 궁전을 지어 주세요. 그래서 얼마만큼 저를 사랑하는지 당신의 사랑을 보여 주세요!"

"클레오, 당신을 정말로 사랑하오! 하지만 그 사랑을 궁전을 지어 증명해 보라는 말이 무슨 뜻인지 도통 모르겠구려."

트라이 왕과 클레오 왕비의 대화였다. 젊은 클레오 왕비는 트라이 왕의 세 번째 왕비로 트라이 왕보다 서른 살이나 젊었다. 매쓰팬은 그들 앞에 나섰다가 괜한 오해를 살까 걱정되어 장미 덤불 뒤에 그대로 가만히 서 있었다.

"흥! 트라이, 당신은 나를 사랑하지 않는군요."

"그럴 리가!"

"왕자들에게 섬들을 물려주었으니 왕비인 내게도 뭔가를 주셔야지요? 제가 원하는 건 바로 궁전이라구욧!"

클레오 왕비가 계속해서 투정을 부렸다. 결국 트라이 왕은 클레오 왕비의 청을 승낙하기에 이르렀다.

"알았소, 클레오 왕비! 내 당신을 위해, 당신만을 위한 궁전을 짓도록 하겠소. 당신만큼이나 아름답고 멋진 궁전을 지어주겠다고 약속하리다."

트라이 왕은 왕비의 어깨를 감싸 안으며 왕비를 달랬다. 그리고 접견실에 손님이 와서 기다리고 있다는 전갈을 받고 서둘러 궁 안으로 들어갔다.

"클레오 왕비의 궁전이라……."

매쓰팬이 걸음을 옮기며 중얼거렸다.

 그때 익숙한 목소리가 다시금 들려왔다. 매쓰팬은 장미 덤불 뒤에서 나오려다 엉거주춤한 자세로 멈추었다.
 "오호호, 바보 트라이! 나의 미모에 넘어간 이상 내가 요구하는 것을 안 들어줄 수 없겠지? 오호호!"

'엉? 이게 무슨 소리지?'

조금 전보다 더 톤이 낮은 목소리였지만 그것은 틀림없이 트라이 왕과 대화하던 클레오 왕비의 목소리였다. 클레오 왕비는 세상을 다 얻은 것처럼 웃기 시작했다. 웃을 때마다 왕비의 귀에 걸린 삼각형 귀걸이가 흔들렸고, 화려한 장식이 달린 삼각뿔 모양의 왕관이 머리 위에서 반짝였다. 클레오 왕비는 신하와 함께 저 멀리 앞서가는 트라이 왕을 바라보며 장미 한 송이를 툭 꺾었다.

'뭐지? 클레오 왕비는 트라이 임금님을 사랑하지 않는 건가? 원하는 것을 얻기 위해 왕자들 핑계를 대고 자신의 미모를 이용할 뿐이야!'

매쓰팬은 뭔가 잘못되어 간다고 생각했다.

"이걸 트라이 임금님께 어떻게 얘기하지? 클레오 왕비님한테 푹 빠져서 지금 임금님은 어떤 소리도 귀에 들리지 않을 게 뻔한데……."

숙소로 돌아온 매쓰팬은 이 일을 어떻게 해결해야 할지 눈앞이 캄캄했다.

매쓰팬이 클레오 왕비의 궁전과 관련된 진실을 트라이 왕에게 전하지 못한 채 시간은 속절없이 흘러 갔다. 그 사이 왕은 궁전을 짓기 위한 만반의 준비를 마쳤다.

"모든 백성을 동원해 클레오 왕비를 위한 뾰족탑 궁전을 짓도록 하라!"

"오호호 트라이, 역시 당신은 나를 사랑하는군요!"

트라이 왕은 왕비의 애교에 푹 빠져 세모나게 자란 턱수염을 쓰다듬으며 껄껄거렸다.

왕의 명령으로 수많은 백성이 신전 공사에 동원되었다. 그리고 밤낮을 가리지 않는 무리한 공사가 이어졌다. 백성들은 점점 녹초가 되어갔다. 뜨거운 직사광선 때문에 일사병에 걸리거나 과로로 쓰러지는 사람들도 속출했다.

"임금님, 왕비님의 궁전을 짓다 쓰러지는 백성들이 많다고 합니다."

보다 못한 매쓰팬이 트라이 왕에게 조심스레 말을 꺼냈다.

"오호, 매쓰팬 군! 백성을 위한 자네의 마음이 참으로 갸

륵하군."

트라이 왕은 매쓰팬을 향해 다정한 미소를 지어 보였다.
"이곳 궁전도 넓고 아름다운데 굳이 따로 궁전을 지을 필요가 있나요?"
"흠, 그렇긴 하네만…… 나는 아름다운 클레오 왕비를 위해 뭐든 다 해주고 싶다네. 그리고 백성들이 궁전을 다 짓고 나면 그 노동의 대가를 후하게 치를 것이니 너무 염려하지 말게."

왕에게 궁전을 짓기 위해 동원된 백성들의 고통에 대해 이해시키려 했던 매쓰팬은 기운이 빠지는 걸 느꼈다.

결국 매쓰팬은 트라이 왕을 설득하는 것을 포기해야만 했다. 대신 궁전이 완성되고 난 뒤에 반드시 백성들에게 노동의 대가를 보상해 준다는 약속을 거듭 확인했다.

시간이 흘러 어느 덧 궁전의 윤곽이 서서히 드러나기 시작했다. 그만큼 공사에 동원된 백성들의 고통과 피로도 쌓여 갔다.

그러던 어느 날, 트라이 왕은 궁전 공사에 열중하고 있는 백성들을 한자리에 불러 모았다. 공사를 총괄하는 우기리우스가 군중을 향해 외쳤다.

"트라이 임금님이십니다. 모두 경의를 표하시오!"

"그동안 뾰족탑 궁전을 짓기 위해 모두들 노고가 많았다는 것 잘 알고 있습니다. 허나 역사에 길이 남을 궁전을 짓는 것이니 자부심을 갖고 궁전을 끝까지 잘 지어주길 바라오. 또한 왕비의 궁전이 완공되면 공사에 참여한 여러분 모두에게 후한 대가를 치를 것이니 더욱 열심히 매진해 주시오."

트라이 왕은 백성들의 사기를 북돋우기 위해 애를 썼다.

백성들은 트라이 왕의 연설을 듣고 환호성을 올렸다. 그리고 이전보다 더 열심

히 궁전 짓기에 힘을 바쳤다. 트라이 왕도 궁전이 지어지는 현장을 흐뭇한 마음으로 지켜보며 백성들을 끊임없이 격려했다.

　백성들은 일한 만큼의 보상을 받게 되리라는 기대감에 부풀었다. 어떤 사람은 대리석을 깎는 자신의 손길이 역사

의 길을 만든다는 자부심에 몸이 아픈 줄 모른다고 했다. 또 다른 사람은 아름다운 왕비가 머물 궁전이라 기쁘다고 하기도 했고, 덕이 많은 트라이 왕을 위해 몸을 희생한다는 사람도 있었다.

이런저런 백성들의 이야기를 듣는 동안 그들에게 감동한 트라이 왕의 눈가가 축축하게 젖어왔다. 트라이 왕은 자신이 삼각제국을 이끌어 나가는 힘은 바로 백성들로부터 나온다고 생각했다.

그때였다. 이 모든 장면을 지켜보던 클레오 왕비가 갑자기 트라이 왕 앞에 무릎을 꿇고 눈물을 흘리기 시작했다.

"흑흑…… 폐하! 제가 잘못했습니다."

"그, 그게 무슨 말이오? 클레오 왕비!"

왕비의 난데없는 눈물 고백에 트라이 왕은 당황해서 말을 더듬었다. 트라이 왕은 왕비를 일으켜 세운 후 눈물을 닦아 주었다. 그러자 왕비가 천천히 말하기 시작했다.

"오, 트라이…… 저는 지금까지 제 외모를 가꾸고 꾸미면서 나 자신밖에 모르고 지내왔습니다. 한 나라의 왕비로서

폐하와 백성들의 마음을 헤아리지 못한 저의 욕심을 용서해 주십시오. 흐흑."

 트라이 왕의 진심이 클레오 왕비에게 전해진 것일까. 사실 백성들의 고통을 헤아리지 않고 자신의 욕심만을 채우려던 왕비는 트라이 왕과 백성들의 따뜻한 마음에 감동한 것이었다. 그리고 자신의 허영심과 지나친 욕심을 진심으로 반성했다.

 "허허허, 클레오! 그만 눈물을 거두시오. 내 당신을 사랑하는 마음 때문이기도 했지만 삼각제국에 뾰족탑 궁전을 꼭 짓고 싶었소. 뾰족탑 궁전은 그대의 잘못이 아니니 그렇게 슬퍼하지 않아도 된다오."

 트라이 왕은 젊은 왕비를 위로해 주었다. 그럴수록 클레오 왕비는 그동안 부렸던 자신의 탐욕이 부끄러워서 더욱 눈물을 쏟아냈다.

 "허허허, 그만 눈물을 아끼시오. 클레오 당신의 자존심이 아니었다면 뾰족탑 궁전은 꿈도 못 꿀 일이었소. 이 말은 곧, 당신의 그 당당함과 자존심이 뾰족탑 궁전을 있게 한 것이오! 바로 삼각제국의 역사에 길이 남을 궁전을 지을 수 있도록 나를 깨닫게 해 주었단 말이오."

트라이 왕은 왕비의 두 손을 잡고 부드럽게 토닥였다.

그렇게 모두가 한마음이 되어 뾰족탑 궁전, 즉 클레오 왕비의 궁전은 하루가 다르게 높이 쌓아올려졌다.

마침내, 뾰족탑 궁전이 완성되었다.

완공식에 초대받은 매쓰팬은 삼각 공주를 만날 수 있는 절호의 기회라고 생각하고 한달음에 달려갔다. 그리고는 삼각 공주가 잘 보이는 곳에 자리를 잡고 앉았다.

클레오 왕비는 이전과는 사뭇 다른 기품이 넘치는 모습으로 완공식에 참석했다.

"어머머, 어쩜 저렇게 웅장할까! 폐하! 저 뾰족탑 궁전의 높이가 도대체 얼마나 될까요?"

클레오 왕비는 뾰족탑 궁전을 보며 입을 다물지 못했다.

"허허! 그거야 당신의 높은 그 콧대 높이 정도 될 것이오! 어허허."

트라이 왕은 뾰족탑 궁전의 위용에 흠뻑 빠진 왕비의 모

습을 흐뭇하게 바라보며 농담을 던졌다.

"아이 참, 트라이…… 농담이 아니라 정말 높이가 궁금하다고요."

"음, 그렇다면…… 여봐라! 공사를 진행한 우길리우스 어디 있느냐?"

트라이 왕의 부름에 우길리우스가 앞쪽으로 후다닥 뛰어나왔다.

"폐하, 우길리우스이옵니다."

"그래, 뾰족탑 궁전의 높이가 어떻게 되는고?"

"폐하, 어림잡아 삼백 미터는 될 겁니다."

"어허, 정확한 높이를 모르는 건가?"

"그게…… 뭣이냐…… 뾰족 궁전을 잴 만큼 긴 자가 없어서 높이를 잴 수가 없었습니다."

당황한 우길리우스가 진땀을 흘렸다.

"어허, 그럼 어떻게 높이를 알 수 있지?"

트라이 왕은 머리를 저으며 클레오 왕비의 손을 잡았다.

그 상황을 지켜보고 있던 매쓰팬이 앞으로 나섰다.

"트라이 임금님, 길고 긴 줄자가 없어도 높이를 알 수 있는 방법이 있습니다."

"매쓰팬! 그것이 도대체 뭔가?"

트라이 왕은 물론 삼각 공주와 완공식을 지켜보던 사람

들이 매쓰팬을 일제히 쳐다봤다.

"에잉~ 임금님은 이럴 때만 제가 필요하군요."

그동안 섭섭한 마음이 들었던 매쓰팬은 트라이 왕에게 살짝 투정을 부려봤다.

"어허허, 그럴 리가 있나. 매쓰팬 자네가 삼각제국에 얼마나 귀중한 손님인데. 그나저나 우리 클레오 왕비가 궁금해하니 어서 궁전의 높이를 좀 알려주게."

매쓰팬은 그제야 서운했던 마음이 풀어졌다.

"아주 간단해요."

매쓰팬은 관람석을 내려가 뾰족탑 궁전 옆으로 걸어갔다. 그리고는 뾰족탑 궁전 근처에 일 미터 길이의 막대기를 꽂았다. 그러자 뾰족탑 궁전의 긴 그림자 옆에 막대기의 그림자가 드리워졌다.

"그림자는 햇빛 때문에 생겨요. 그러니까 지금 뾰족탑의 그림자 길이는 35미터고, 길이가 1미터인 막대기의 그림자 길이는 0.7미터죠? 자, 그림으로 그려볼게요."

매쓰팬이 바닥에 그림을 그렸다. 그리고 말을 이었다.

"그런데, 그림에 보이는 두 삼각형은 닮은꼴이므로, 서로 대응하는 길이의 비가 같으니까 뾰족탑의 높이를 □라고 하면 □ : 1 = 35 : 0.7이 되지요. 이걸 계산하면 □ = 50이 돼요. 따라서 뾰족탑 궁전의 높이는 50미터예요."

"허허, 역시 수학천재 매쓰팬이로군."

트라이 왕은 매우 흡족해하며 매쓰팬을 치하했다.

자칫 궁전의 규모조차 알지 못하고 진행될 뻔 했던 완공식은 매쓰팬의 활약으로 무사히 마칠 수 있었다.

완공식 이후 트라이 왕은 뾰족탑 공사로 고생한 백성들에게 후한 상금을 내렸다.

당신은 스테이지 2를 통과했습니다.
다음 아이템을 받을 수 있습니다.

화이트보드

삼각형의 닮음

이번에는 두 삼각형의 닮음 조건에 대해 알아볼게요.

두 삼각형에서 2개의 각이 같으면, 두 삼각형은 닮음이라고 말합니다. 왜 3개가 아니라 2개의 각일까요?

그것은 삼각형의 세 각의 합이 180°이기 때문입니다. 즉 두 삼각형에서 2개의 각이 같으면, 나머지 한 각은 자동으로 같아질 수밖에 없지요.

다음 두 삼각형을 볼까요?

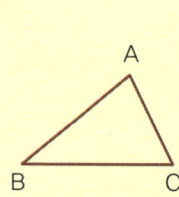
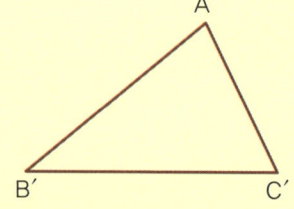

두 삼각형은 서로 닮았어요. 이렇게 크기는 다르지만 모양이 같은 두 삼각형은 닮음 관계에 있다고 말합니다.

이때 닮은 두 삼각형은 대응각의 크기와 대응변의 길이가 같지요. 여기서 같은 위치에 있는 변과 각을 **대응변**과 **대응각**이라고 불러요. 그러니까 변 AB의 대응변은 변 A′B′이고, 각 A의 대응각은 각 A′이지요. 그러므로 다음과 같은 식이 성립해요.

대응각

$\angle A = \angle A'$ $\qquad$ $\angle B = \angle B'$ $\qquad$ $\angle C = \angle C'$

대응변

$AB = A'B'$ $\qquad$ $BC = B'C'$ $\qquad$ $AC = A'C'$

그림자로 건물의 높이 재기

최근에는 고층 건물들이 점점 많아지고 있습니다. 그런 건물을 올려다보면 정신이 아찔할 정도로 높아 보입니다. 이렇게 높은 고층 건물의 높이를 쉽게 알 수 있는 방법이 있을까요?

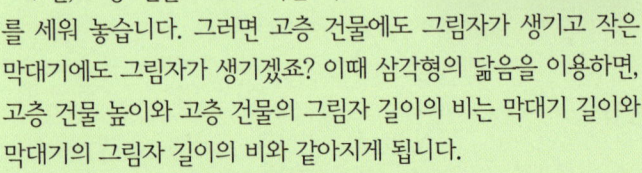

방법은 의외로 간단해요. 바로 닮음을 이용하는 겁니다.

우선, 고층 건물 주위에 작은 막대기를 세워 놓습니다. 그러면 고층 건물에도 그림자가 생기고 작은 막대기에도 그림자가 생기겠죠? 이때 삼각형의 닮음을 이용하면, 고층 건물 높이와 고층 건물의 그림자 길이의 비는 막대기 길이와 막대기의 그림자 길이의 비와 같아지게 됩니다.

그러니까 고층 건물의 그림자 길이와 막대기의 그림자 길이만 알면, 간단하게 비례식을 풀어서 고층 건물의 높이를 구할 수 있지요. 옛날 사람들은 이 방법으로 높은 건축물의 높이를 구할 수 있었답니다.

기본 다지기

1. 다음 두 삼각형은 닮음이다. 변 A′C′의 길이를 구하라.

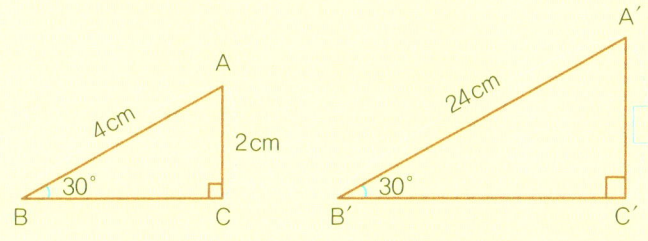

2. 직각삼각형에서 직각이 아닌 두 내각의 크기가 같을 때 이 각의 크기는?

   a) 30°   b) 45°   c) 90°

서프라이즈 진실 혹은 거짓

1. 두 개의 직각삼각형에서 직각이 아닌 한 각만 같아도 두 직각삼각형은 닮음이다.

   ☐ 진실   ☐ 거짓

2. 두 닮은 삼각형에서 변의 길이의 비가 1 : 2 면 두 삼각형의 넓이의 비도 1 : 2 다.

   ☐ 진실   ☐ 거짓

3. 다음 그림에서 삼각형 ABC와 삼각형 CDE는 닮음이다.

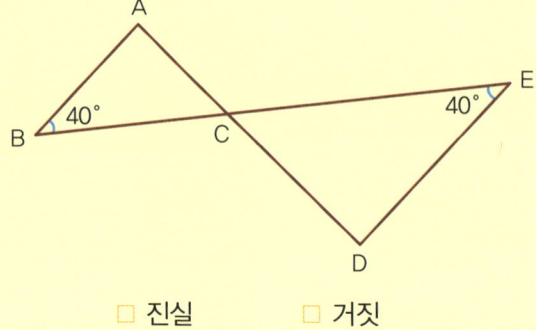

   ☐ 진실   ☐ 거짓

알쏭달쏭 내 생각

어떤 측량회사에서 다음 그림과 같은 A, B 두 지점의 직선거리를 재는데 두 지점 사이에 높은 산이 있다.

이 경우 측량회사는 두 지점 사이의 거리를 잴 수 있을까? 여러분의 생각은?

☐ 잴 수 있다.   ☐ 잴 수 없다.

기본 다지기

1. 12cm

   변 A´C´는 변 AC의 대응변이다. 두 삼각형은 닮음이고 변 AB의 길이 6배가 변 A´B´의 길이이므로, 변 A´C´의 길이는 변 AC의 6배인 12cm다.

2. b)

서프라이즈 진실 혹은 거짓

1. 진실

   두 직각삼각형에서는 이미 직각이 같으므로 다른 한 각만 같으면 두 각이 같게 되어 두 삼각형은 닮음이 된다.

2. 거짓

   닮은 두 삼각형에서 변의 길이의 비가 1 : 2면 넓이의 비는 제곱의 비인 1 : 4 가 된다.

3. 진실
　두 삼각형에서 각 C는 서로 맞꼭지각으로 같고 각 B와 각 E가 같으므로, 두 삼각형은 두 각이 같아 닮음이다.

알쏭달쏭 내 생각

답 잴 수 있다.
　다음 그림과 같이 점 O를 대칭점으로 하여 삼각형 ABO와 똑같은 모양의 삼각형 OA′B′를 만들면 A′B′의 길이가 AB의 길이가 된다.

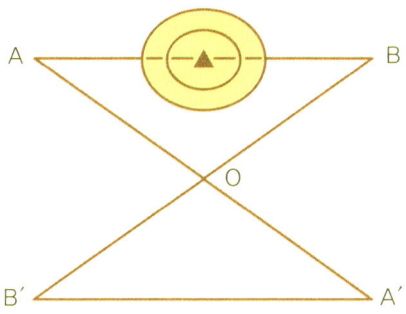

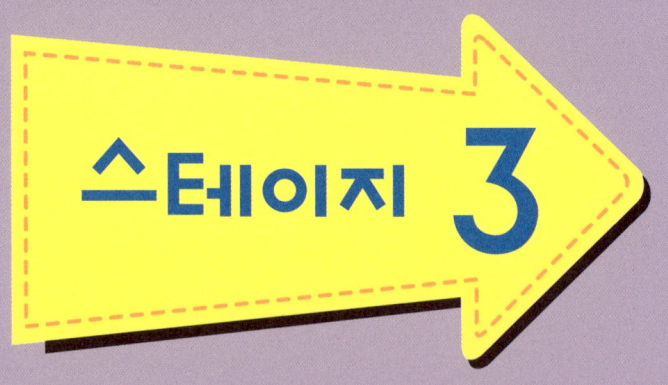

스테이지 3

로미오와 줄리엣
피타고라스의 정리

직각삼각형에서 빗변 길이의 제곱은 다른 두 변 길이의 제곱의 합과 같다. 이것을 **피타고라스의 정리**라고 한다.

삼각제국의 트라이 윈 섬은 세 개의 마을로 이루어져 있었다. 세 마을의 이름은 로미, 줄리 그리고 샌드였다.
로미와 샌드 마을은 매달 장이 서 사람들은 과일 등 식료품이나 물건을 교환하며 서로 돕고 살았다. 이 중 샌드 마

을은 줄리 마을과도 친해, 줄리 마을의 비단을 공유하면서 농사도 함께 지었다.

하지만 줄리와 로미 마을은 대대로 서로 으르렁거리며 원수처럼 지냈다. 게다가 로미와 줄리 마을은 두 마을을 잇는 도로마저 없어 왕래가 전혀 없을 뿐만 아니라 이 때문에 양쪽 모두 경제적 손실도 컸다.

한편, 샌드 마을은 줄리와 로미 마을을 연결시켜 주는 다리 역할을 했다. 따라서 두 마을은 필요한 물건들을 샌드 마을에서 비싸게 구입하기 일쑤였다.

줄리와 로미 마을의 불행은 여기서 그치지 않았다. 줄리엣과 로미오도 줄리와 로미 마을의 불행에서 자유로울 수 없는 사람들 중 하나였다.

"오, 내 사랑 줄리엣! 당신의 아름다움은 저 하늘에 빛나는 별 같아!"

샌드 마을 축제에서 우연히 줄리엣을 본 로미오는 첫눈에 반하고 말았다. 줄리엣도 로미오의 매력적인 모습에 마음이 끌렸다. 하지만 줄리엣은 로미오를 마냥 좋아할 수가 없었다.

"로미오, 우리는 이루어질 수가 없어."

줄리엣과 로미오는 그렇게 헤어지고 말았다. 로미오는 한 번 봤을 뿐인 아름다운 줄리엣이 너무나도 그리워서 병이 날 지경이었다.

"안 되겠어! 줄리엣을 만나러 가야겠어!"

사랑에 눈이 먼 로미오는 줄리 마을을 향해 출발했다. 로미 마을에서 줄리 마을에 가려면, 먼저 3킬로미터 떨어져 있는 샌드 마을까지 간 후 그곳에서 4킬로미터를 더 가야 했다. 먼 거리였지만 로미오는 줄리엣을 만나겠다는 마음에 쉬지 않고 줄리 마을을 향해 뛰었다.

"헉, 헉…… 이제 샌드 마을이군. 조금만 더 힘을 내자!"

지칠 대로 지친 로미오는 다리를 힘겹게 옮겨가며 달리고 또 달렸다.

드디어, 로미오는 줄리 마을의 서쪽 끝 부분에 있는 줄리엣의 집 앞에 도착했다.

"헉헉! 창문을…… 허억! 욜호다오우~! 오, 이런……."

세레나데를 멋지고 부르고 싶었던 로미오는 숨이 차서 그만 음이탈에 박자까지 놓치고 말았다. 로미오는 숨을 가다듬고 다시금 줄리엣을 불렀다.

"나의 사랑 줄리엣! 당신은 나의 태양! 나의 생명!"

"오~ 로미오! 여기 오면 안 돼. 아버지께서 알면 가만두지 않으실 거야!"

"그런 건 이제 아무 상관없어! 너를 못 본다고 생각하면 내 가슴이 갈기갈기 찢어지니까. 줄리엣, 제발 나의 사랑을 받아 줘."

간절하게 사랑을 고백하는 로미오를 줄리엣은 물리칠 수 없었다. 그녀 역시 그를 보지 않고서는 견딜 수가 없었기 때문이었다.

"로미오, 오…… 나의 왕자님!"

"오…… 줄리엣, 나의 별 나의 태양!"

하지만 사랑을 속삭이던 두 사람은 줄리엣의 아버지 줄리앙에게 발각되고 말았다.

"줄리엣! 로미오는 우리 집안 원수의 자식이다. 그것을 모르고 만났더란 말이냐? 로미오, 자네는 속히 자네 마을로 돌아가게. 어서!"

"아버지! 어른들의 싸움은 이제 그만 두세요. 로미오 없이 전 살 수 없어요. 흐흑……."

화가 난 아버지는 울면서 매달리는 줄리엣에게 외출금지령을 내렸다.

로미오는 할 수 없이 로미 마을로 다시 돌아갈 수밖에 없었다. 줄리엣의 집에서 쫓겨나기 직전, 로미오는 줄리엣의 귀에 대고 속삭였다.

"줄리엣, 오늘 밤 12시에 데리러 올게. 함께 떠나는 거야. 알았지?"

"로미오, 너만 믿을게."

줄리엣이 알았다는 표시로 고개를 끄덕였다. 로미오와 줄리엣의 사랑은 이처럼 그 누구도 강제로 멈추게 할 수 없었다.

땡, 땡, 땡—

줄리엣은 벽시계가 열두 시를 알리는 종소리를 들으며, 창가로 다가갔다. 그때 미리 기다리고 있던 로미오가 조심스럽게 줄리엣에게 손짓했다.

"줄리엣! 여기야, 여기."

"오…… 로미오! 아버지를 두고 그냥 갈 수가 없어."

"줄리엣, 내가 생각이 짧았어. 미안해. 지성이면 감천이라는데 내가 어떻게든 너희 아버지를 설득해 볼게. 그때까지 기다려 줄 수 있겠지?"

"언제까지라도 기다릴 거야. 나의 왕자님!"

"고마워, 나의 별 나의 태양! 꼭 널 데리러 다시 올게."

두 사람은 밤하늘의 보름달 아래에서 다시 슬픈 작별을 해야만 했다.

이튿날 아침이 되자 로미오는 다시 줄리엣의 집을 찾았다. 그리고 이번에는 줄리앙을 크게 불렀다.

"아버님! 아버님!"

"다시는 이곳에 나타나지 말라고 했건만!"

화가 난 줄리앙은 호통을 쳤다.

"아버님, 그러지 마시고 이것 좀 보십시오! 제가 신선하고 맛있는 온갖 과일을 직접 가져 왔습니다. 이 빨간 사과 맛 좀 보세요."

로미오는 먹음직스런 빨간 사과 하나를 집어 옷에 쓱쓱 문지른 후 능청스럽게 줄리앙에게 건넸다. 줄리앙은 마땅

치 않은 표정이었지만 로미오의 사소한 성의마저 무시할 수 없어 사과를 건네받아 날름 한 입 베어 물었다.

"오호! 이렇게 맛있을 수가! 입안에서 살살 녹는 것 같군. 이처럼 달고 신선한 과일을 맛본 지가 얼마 만인 줄 모르겠구나, 흠흠."

사과 맛에 반한 줄리앙의 얼굴에 잠시 행복의 미소가 번졌다. 하지만 기뻐하는 로미오를 보자 이내 표정을 바꾸고는 버럭 고함을 질렀다.

"로미오! 이런다고 내가 줄리엣과의 교제를 허락할 것 같으냐? 어림도 없다! 당장 돌아가거라!"

로미오는 줄리앙의 호통에도 굴하지 않고 매일 신선한 과일을 가져오겠다는 약속을 하고 돌아갔다. 줄리엣은 돌아가는 로미오를 측은한 마음으로 바라볼 뿐이었다.

"로미오…… 오…… 나의 왕자님! 아버지에게 그런 수모를 당하고도 나를 위해 참아 내다니……. 나도 이러고 있을 때가 아니야."

줄리엣은 묵직한 드레스 치마를 양손으로 들어 올리고 서둘러 계단을 내려가 창고로 향했다. 그리고는 다급하게 하녀를 불렀다.

"앤디! 앤디! 어서 여기 있는 비단들을 마차에 실어 줘!"

비단을 마차에 모두 싣자, 줄리엣은 서둘러 말에 올라탔다.

"자, 어서 출발하자."

"아가씨, 그런데 어디 가시게요?"

얼굴에 주근깨가 잔뜩 난 앤디가 어리둥절한 표정으로 줄리엣을 바라봤다.

"지금 당장 로미 마을로 가서 로미오의 아버지를 만나야겠어! 로미오가 저렇게 열과 성을 다하는데, 나도 가만있을 수 없지. 이랴~ 달려라 말들아! 지금까지 최고로 빨리 달렸던 때보다 열 배, 스무 배 더 빨리 달리렴!"

줄리엣은 마차를 빠르게 몰았다. 두 마리의 말도 바람을 가르며 힘차게 달렸다. 샌드 마을에 도착한 줄리엣은 쉬지 않고 다시 로미 마을을 향해 달렸다. 그리고 마침내 줄리엣은 로미 마을에 도착했다.

줄리엣은 곧장 로미오의 집을 찾았다. 로미오의 아버지 도미솔은 아름다운 낯선 아가씨가 자신을 찾는다는 하인의 말을 듣고 밖으로 나왔다.

"도미솔 어르신, 안녕하세요. 저는 줄리 마을의 줄리엣입니다. 로미오와의 교제를 허락받기 위해서 왔어요!"

"줄리 마을에서 왔다고? 이름이 줄리엣이면, 아가씨 아

버지가 혹시 줄리앙?"

도미솔이 잔뜩 의심어린 눈으로 줄리엣을 쳐다봤다. 줄리엣은 조용하지만 힘 있는 목소리로 대답했다.

"네, 줄리앙이 바로 저의 아버지세요."

"허험! 이런 건방진 아가씨를 봤나? 로미오, 어디 있느냐!"

도미솔은 화가 난 얼굴로 로미오를 찾았다.

"아가씨, 당장 이 집에서 나가게! 로미오는 대체 어디 있는 거냐!"

도미솔은 당장이라도 줄리엣을 쫓아낼 기세였다.

그때였다. 로미오가 도미솔의 앞을 가로막고 섰다.

"아버지! 줄리엣은 제가 사랑하는 사람입니다. 제발, 제 말 좀 들어 보세요."

"아니, 이놈이……."

"그렇게 화만 내지 말고 줄리엣이 무엇을 가지고 왔는지 한번 보세요. 아버지가 좋아하시는 비단이에요. 이렇게 곱고 세련된 비단을 보신 적 있으세요? 이제 원수 타령은 그만하고 줄리 마을과 왕래를 하자고요! 그리고 우리의 사랑도 인정해 주세요. 제발요!"

로미오가 바닥에 털썩 주저앉아 흐느껴 울기 시작했다.

"오…… 로미오……흐흑."

아버지를 설득시키려고 애쓰는 로미오를 보며 줄리엣도

눈물을 흘렸다. 그런 두 사람의 모습을 물끄러미 쳐다보던 도미솔의 마음이 차츰 흔들리기 시작했다. 그도 그럴 것이 자신도 청년시절 사랑하던 연인을 줄리 마을에 산다는 이유로 포기했던 적이 있었기 때문이었다.

줄리엣은 바닥에 주저앉은 로미오를 일으켜 세웠다.

"음…… 허어흠."

두 사람을 지켜보던 도미솔은 고개를 돌리고 헛기침을 해 댔다. 그것은 그들의 교제를 허락하는 무언의 몸짓이었다.

이후 로미오와 줄리엣은 로미 마을의 신선한 과일과 줄리 마을의 세련되고 고급스런 비단을 각각 줄리 마을과 로미 마을로 날랐다.

로미오와 줄리엣의 노력으로 상황이 급진전되자 도미솔과 줄리앙은 샌드 마을에서 만나기로 했다.

"오랜만이네, 도미솔!"

"흠…… 그래. 오랜만이군, 줄리앙!"

"오, 이런 오랜만이군, 도미솔 줄리앙! 자네들이 요즘 우리 마을에 자주 오지 않는 이유가 아이들 때문이라며? 이

샌드위치를 빼고 거래하니 이익이 많이 남던가? 그래, 오늘은 무슨 일이지?"

샌드 마을의 샌드위치가 말했다. 그는 로미 마을의 과일과 줄리 마을의 비단을 중간에서 사들인 후 두 마을에 다시 팔아서 이익을 남기는 중간 상인이었다.

"음!"

"흠!"

"허허~ 농담이었네. 두 사람은 만나자마자 또 신경전이군. 일이 이렇게 됐으니 서로 화해하고 두 아이를 결혼시키지 그러나?"

샌드위치의 말에 줄리앙이 눈을 감았다. 도미솔도 허공의 한 점을 응시하며 깊은 생각에 빠져들었다. 그렇게 잠시 침묵이 흘렀다.

마침내, 도미솔이 결심했다는 듯 굳게 다물고 있던 입을 먼저 열었다.

"좋소! 아이들이 죽어도 좋다하니 어쩔 수 없군! 결혼시킵시다!"

"그래요! 나도 우리 딸아이가 그렇게 좋다니 어쩔 수 없지! 결혼시킵시다."

두 사람은 서로에게 화해의 악수를 청했다.

이렇게 로미오와 줄리엣의 애틋한 사랑은 꼬리에 꼬리를 물고 대대로 이어져 내려오던 두 집안의 원수 관계를 끊고 화합의 장을 마련해 주었다. 이 소식을 전해들은 로미오와 줄리엣은 하늘이 떠나갈 듯 기뻐했다.

샌드위치는 화해한 도미솔과 줄리앙에게 새로운 제안을 했다.

"서로 화합한다는 의미로 로미와 줄리 두 마을을 잇는 새로운 도로를 놓는 것이 어떻겠나? 그러면 우리 샌드 마을을 거치지 않고 두 마을이 서로 쉽고 편하게 왕래할 수 있으니 특산물 거래도 훨씬 수월해질 것일세. 나야 중간 이익이 남지 않아 손해가 나겠지만, 그래도 두 집안이 백년 묵은 앙금을 풀었는데 조금 손해나는 것이 대수겠나? 하하하!"

샌드위치가 호탕하게 웃었다.

"그거 좋은 생각이군!"

"좋아! 그럼 우리 아이들 결혼식에 맞춰 두 마을을 잇는 도로를 완공키로 하세. 하하하!"

줄리앙과 도미솔도 대찬성이었다.

"그럼 두 마을 사이의 거리를 측정해야 하는데…… 샌드

에서 로미 마을까지의 거리가 3킬로미터, 그리고 샌드에서 줄리 마을까지가 4킬로미터니까 로미에서 줄리 마을은…… 어휴, 모르겠다."

샌드위치는 손가락을 꼽으며 수를 헤아렸지만 너무 어려워 포기하고 말았다. 그렇다고 두 마을을 긴 줄자로 잴 수도 없는 노릇이었다. 난감해하던 세 사람은 결국 이 문제를 궁에 있는 수학천재 매쓰팬에게 의뢰하기로 했다.

며칠 뒤 줄리앙, 도미솔, 샌드위치는 새로 지은 뾰족탑 궁전을 거닐고 있는 매쓰팬을 만나게 되었다. 그리고 자초지종을 설명하며 로미 마을과 줄리 마을의 거리를 구해달라고 부탁했다.

매쓰팬은 세 사람에게 설명하기 위해 조그만 화이트보드 위에 세 개의 점을 찍어 각 마을을 표시했다. 세 점을 연결하니 세 마을을 꼭짓점으로 갖는 직각삼각형이 만들어졌다. 그것은 바로 세 마을의 도로망이기도 했다.

"줄리 마을과 로미 마을의 도로 길이는 5킬로미터예요."

매쓰팬이 확신에 찬 표정으로 말했다.

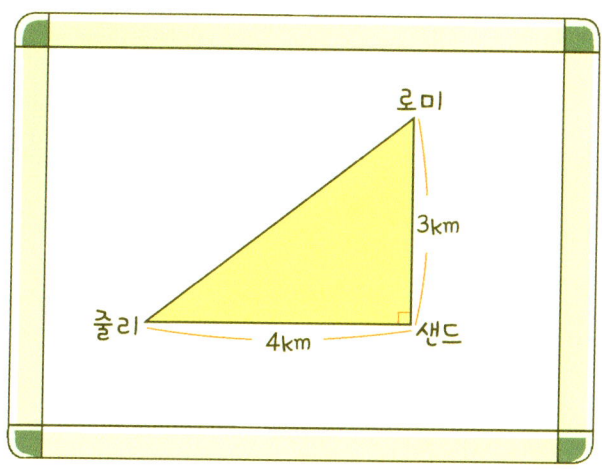

"어떻게?"

샌드위치가 눈을 껌뻑거리며 물었다.

"자, 보세요. 이렇게 세 마을을 잇는 도로들은 세 마을을 꼭짓점으로 갖는 직각삼각형을 이루어요. 이때 가장 길이가 긴 변을 빗변이라고 하는데, 로미 마을과 줄리 마을 사이의 도로가 바로 빗변이지요. 따라서 직각삼각형의 피타고라스의 정리를 이용하면 거리를 구할 수 있어요."

"피타고라스의 정리? 그게 뭐지?"

줄리앙이 고개를 갸우뚱거렸다. 그의 질문에 동의한다는

듯 도미솔도 옆에서 고개를 끄덕였다.

매쓰팬이 이어서 설명했다.

"피타고라스의 정리란, 빗변의 길이의 제곱이 다른 두 변의 길이의 제곱의 합과 같다는 거예요. 지금 이 삼각형에서 다른 두 변의 길이의 제곱의 합은 $3^2 + 4^2 = 25$예요. 그럼 25는 어떤 수의 제곱일까요?"

매쓰팬이 물었다.

"그야 5의 제곱이지. $5^2 = 25$니까."

샌드위치가 자신 있게 대답했다.

"그러니까 바로 빗변의 길이는 5킬로미터예요. 즉 로미와 줄리 마을의 거리가 5킬로미터인 거죠."

매쓰팬의 설명에 세 사람은 고개를 끄덕였다.

"오호, 그렇군! 어쨌든 도로 완공하는 날이 로미오와 줄리엣의 결혼식 날이네, 하하하!"

줄리앙이 엄지손가락을 치켜들며 호탕하게 웃었다.

"매쓰팬, 우리 두 가문의 결혼식에 정식으로 초대하겠네. 참석해 주면 로미오와 줄리엣도 큰 영광으로 여길걸세!"

"아무렴!"

도미솔이 결혼식에 매쓰팬을 초대하자, 샌드위치도 맞장구를 쳤다.

한편, 로미오와 줄리엣은 로미와 줄리 마을을 잇는 5킬로미터의 새 도로가 놓이자 기다리고 기다리던 행복한 결혼식을 올릴 수 있었다.

당신은 스테이지 3을 통과했습니다.
다음 아이템을 받을 수 있습니다.

접착제

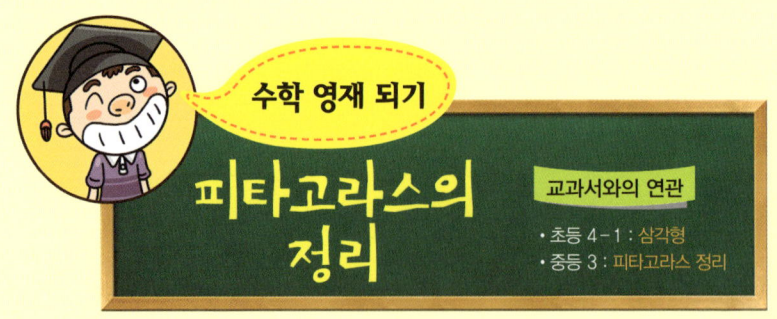

피타고라스의 정리

이번에는 직각삼각형에 들어 있는 아주 재미있는 성질에 대해 알아볼게요. 다음의 직각삼각형을 보세요.

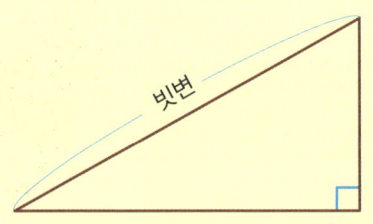

직각삼각형은 서로 수직인 두 선분과 비스듬한 변으로 이루어져 있어요. 이 비스듬한 변을 직각삼각형의 **빗변**이라고 불러요. 이때 세 변의 길이 사이에는 다음과 같은 피타고라스의 정리가 성립하지요.

직각삼각형에서 빗변의 길이의 제곱은 다른 두 변의 길이의 제곱의 합과 같다.

예를 들어 세 변의 길이가 3cm, 4cm, 5cm인 삼각형을 생각해 봐요. 가장 긴 변의 길이가 빗변이니까 빗변의 길이는 5cm 죠? 그럼 빗변의 길이의 제곱은 $5^2 = 25$가 됩니다.

다른 두 변의 길이의 제곱의 합은

$$3^2 + 4^2 = 25$$

가 되어, $3^2 + 4^2 + 5^2$이 되는군요. 즉 이 삼각형은 빗변의 길이가 5cm인 직각삼각형이에요.

피타고라스의 정리는 고대 바빌로니아나 이집트 사람들도 어렴풋이 알고 있었어요. 이집트 사람들은 세 변의 길이가 3, 4, 5일 때 직각삼각형이 된다는 것을 알고 있었지요.

$$5^2 = 3^2 + 4^2$$

바빌로니아 사람들도 세 변의 길이가 5, 12, 13일 때 직각삼각형이 된다는 것을 알고 있었어요.

$$13^2 = 5^2 + 12^2$$

하지만 임의의 직각삼각형에 한해서는 피타고라스가 최초로 발견했지요. 각 변을 문자로 나타내 볼까요? 다음 직각삼각형을 봅시다.

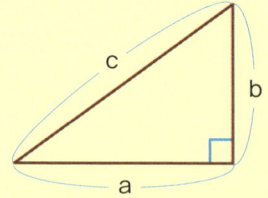

이때 가장 긴 변(비스듬한 변)이 빗변이므로 피타고라스의 정리는 다음과 같습니다.

$$c^2 = a^2 + b^2$$

피타고라스의 정리를 다시 보면, c^2은 한 변의 길이가 c인 정사각형의 넓이예요.

그러므로 피타고라스의 정리는 위 그림에서 붉은 정사각

형의 넓이가 두 개의 파란 정사각형의 넓이의 합과 같다는 것을 말해주지요.

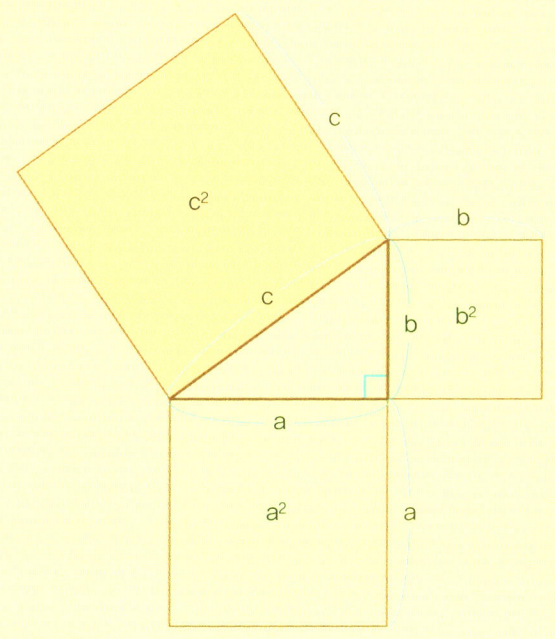

다음과 같은 직각이등변삼각형을 볼까요?

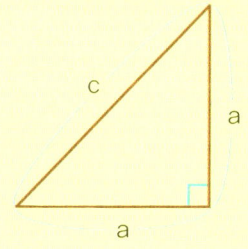

직각이등변삼각형이므로 빗변이 아닌 두 변의 길이가 같습니다.

이제 각 변을 한 변의 길이로 갖는 정사각형을 그려볼게요.

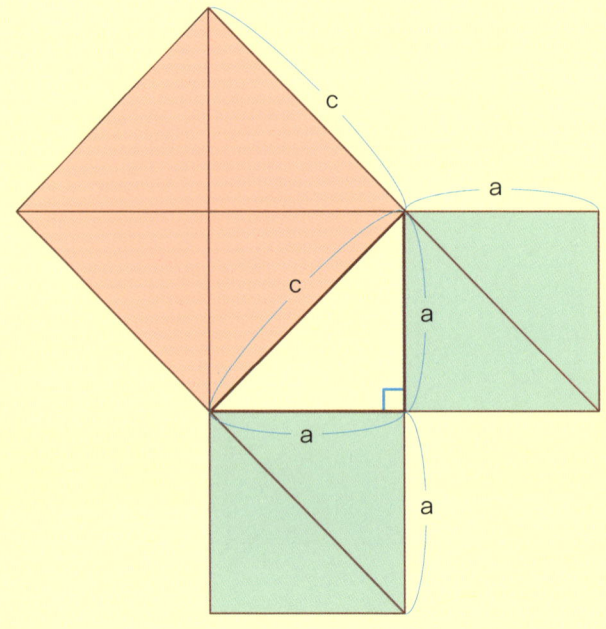

이때 빗변을 한 변으로 하는 정사각형의 넓이는 직각삼각형 넓이의 4배이고, 다른 변을 한 변으로 하는 정사각형의 넓이는 직각삼각형 넓이의 2배이므로 피타고라스의 정리가 성립합니다.

생활 수학 카페

거울의 반사와 삼각형

여러분은 거울을 자주 보나요?
우리가 흔히 사용하는 거울은 평면거울입니다. 거울에 내 모습이 보이는 것은 빛이 거울 면에서 반사되기 때문이에요.

당구공을 벽에 부딪치면 당구공이 들어간 각도와 벽에 부딪친 후 튀어나오는 각도가 같듯이, 빛도 거울에서 반사될 때 거울에 들어간 각도와 같은 각도로 반사되는데 이것을 빛의 반사 법칙이라고 부릅니다.

그림에서처럼 A에서 거울로 들어간 빛이 P에서 반사되어 B로 가는 경우를 생각해 볼까요? 이때 삼각형 AQP와 삼각형 QPB에서 ∠APQ를 입사각이라고 하고 ∠QPB를 반사각이라고 하는데, 빛은

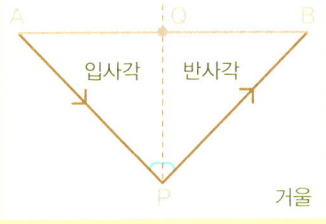

항상 ∠APQ = ∠QPB를 만족하지요. 바로 이것이 빛의 반사법칙입니다. 이때 삼각형 AQP와 삼각형 QPB는 합동이에요. 합동이란 두 도형이 완전히 포개어지는 경우를 말합니다.

왜 빛은 이런 반사법칙을 만족할까요? 그것은 빛이 어떤 지점을 지나갈 때 가장 시간이 적게 걸리도록 움직이기 때문이에요. 즉 빛이 거울 면에 반사되어 튀어 나갈 때 입사각과 반사각이 같을 때 빛이 이동하는 시간이 제일 짧답니다.

기본 다지기

1. 다음 세 변의 길이를 가진 삼각형 중 직각삼각형은?

   a) 6cm, 8cm, 10cm

   b) 3cm, 3cm, 3cm

   c) 2cm, 3cm, 4cm

2. 직각삼각형에서 빗변이 아닌 두 변의 길이가 각각 5cm, 12cm일 때, 이 삼각형의 빗변의 길이와 같은 한 변의 길이를 갖는 정사각형의 넓이는?

   a) 121 cm^2 b) 169 cm^2 c) 225 cm^2

서프라이즈 진실 혹은 거짓

1. 세 변의 길이가 각각 5cm, 12cm, 13cm인 삼각형은 직각삼각형이다.

   ☐ 진실　　☐ 거짓

2. 세 수 3, 4, 5를 '피타고라스 수'라고 부른다.

   ☐ 진실　　☐ 거짓

3. 피타고라스 정리의 증명법을 발견한 미국 대통령도 있다.

   ☐ 진실　　☐ 거짓

알쏭달쏭 내 생각

철수는 다음과 같은 피라미드 모양을 만들었다. 피라미드의 밑은 대각선의 길이가 6cm인 정사각형이고 옆선의 길이는 5cm이다.

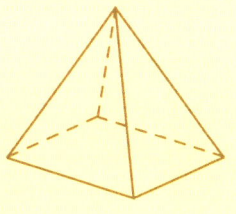

이 피라미드의 높이를 알 수 있을까? 여러분의 생각은?

　☐ 만들 수 있다.　　☐ 만들 수 없다.

기본 다지기

1. a)
   $10^2 = 6^2 + 8^2$ 으로 피타고라스의 정리를 만족한다.

2. b)
   빗변이 아닌 두 변의 길이의 제곱은 $5^2 + 12^2 = 169$ 가 된다.

서프라이즈 진실 혹은 거짓

1. 진실
   $13^2 = 5^2 + 12^2$ 으로 세 변의 길이가 피타고라스의 정리를 만족하므로 이 삼각형은 직각삼각형이다.

2. 진실
   피타고라스 정리를 만족하는 세 수를 '피타고라스 수'라고 부른다.

3. **진실**
   피타고라스의 정리의 증명방법은 수백 가지다. 미국의 20대 대통령인 가필드가 찾아낸 증명방법도 있다.

알쏭달쏭 내 생각

답 4cm
꼭짓점에서 밑면으로 수선을 그리면 다음과 같다.

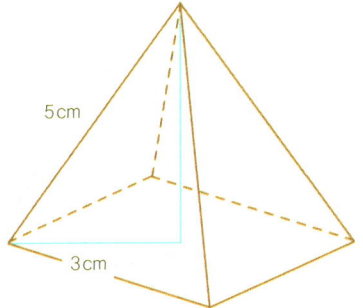

그러므로 피타고라스의 정리에 의해 높이는 4cm이다.

스테이지 4

퍼즐 대회
삼각형 퍼즐

삼각형과 관련된 재미있는 퍼즐 게임에 대해 알아보자.

"나 잡아봐라~!"

평화로운 어느 날 오전, 삼각 공주와 매쓰팬은 궁궐의 정원을 뛰어다니며 술래잡기를 하고 있었다.

"삼각 공주 기다려!"

"매쓰팬, 나 여기 있지롱~!"

삼각 공주가 딸기 나무쪽으로 뛰어가며 매쓰팬을 놀렸다. 매쓰팬은 빠르게 달려가 삼각 공주의 팔을 잡았다.

"이얏! 잡았다!"

"호호호, 이렇게 쉽게 잡으면 어떡해! 아앙!"

삼각 공주는 공주로서의 지위와 체면 따위는 다 잊은 듯 매쓰팬과 함께 정원을 뛰어다니며 모처럼 즐거운 시간을 보내고 있었다.

"삼각 공주! 공주는 이 세상의 어떤 꽃보다 예뻐."

"아이 참, 매쓰팬……."

삼각 공주는 매쓰팬의 말에 양 볼이 발그레해졌다. 그런 삼각 공주를 바라보던 매쓰팬의 양 볼도 붉게 달아올랐다. 열두 살 동갑인 두 사람은 꽃미남 얼짱대회 이후 둘도 없는 친구가 되었다.

　삼각 공주와 매쓰팬이 정원에서 까르륵대며 술래잡기를 하는 동안 트라이 왕은 그들을 심각한 표정으로 바라봤다. 그날 오후, 트라이 왕은 삼각 공주를 불러 엄하게 일렀다.

"삼각 공주, 이제 공주도 삼각제국 왕실의 전통에 따라 미래의 남편감을 찾아 약혼을 해야 하지 않겠느냐. 내가 그동안 여러 나라의 왕자들을 네 신랑감으로 생각해 보았다. 그중에서 아무래도 삼각형을 좋아하는 이웃 나라 원뿔 왕자가 가장 나을 듯 싶구나."

"원뿔 왕자라면…… 저보다 스무 살은 많은데다가 흉측하게 생겼다는 그 왕자!"

삼각 공주가 겁을 먹고 침을 꼴딱 삼켰다.

"공주야, 흉측하다니 그런 말도 안 되는 소문에는 귀를 닫으렴. 그리고 나이는 너보다 많은 건 사실이나 그만큼 너를 잘 돌봐주지 않겠느냐."

"……."

삼각 공주는 더 이상 말을 잇지 못하고 입을 꾹 다물었다. 삼각제국은 왕족이 결혼하기 전 결혼할 사람과 열두 살이 넘기 전에 약혼을 하는 것이 오랜 전통이었다.

"매쓰팬 어떡하지? 아버지께서 날 이웃 나라 원뿔 왕자와 약혼시키려고 해. 난 원뿔에게 시집가기 싫단 말이야,

으아앙."

삼각 공주는 트라이 왕 앞에서 차마 쏟아내지 못한 서러운 눈물을 매쓰팬 앞에서 봇물처럼 쏟아냈다.

"울지 마, 삼각 공주! 내가 임금님께 간청 드려 볼게. 겨우 열두 살인데 약혼이라니 말도 안 돼!"

"하지만 그게 삼각제국의 왕실 전통이야."

매쓰팬은 공주를 진정시킨 후 트라이 왕을 찾아갔다.

"임금님! 저도 공주를 좋아하고 공주도 저를 좋아하고 있어요. 게다가 공주는 아직 어린데, 공주를 나이 많은 원뿔 왕자와 약혼시킨다는 것은 공주에게 큰 상처를 주는 것입니다. 만약 공주를 꼭 약혼시켜야 한다면 동갑인 저와 약혼하게 해 주세요!"

매쓰팬은 단숨에 삼각 공주에 대한 자신의 마음을 이야기하고는 별안간 트라이 왕 앞에 무릎을 꿇었다.

"어허! 매쓰팬, 당돌하군! 자네는 왕족도 아닐 뿐더러 이 나라의 손님일 뿐일세. 내 자네를 어찌 믿고 금쪽같은 내 딸을 줄 수 있겠는가? 그럴 수는 없네. 그만 물러가게!"

트라이 왕은 매쓰팬을 향해 냉정하게 말했다. 그리고는 말없이 수염을 만지작거리면서 한동안 매쓰팬을 지긋이 바라보았다. 트라이 왕은 그동안 자신에게 여러 가지 도움을 준 매쓰팬에게 너무 심하게 말한 건 아닌가 내심 걱정되었다.

그때 매쓰팬이 다시 정중하게 말하기 시작했다.

"제게도 기회를 주세요! 원뿔 왕자는 물론 어느 누구에게도 지지 않을 자신 있습니다!"

말을 마친 매쓰팬은 트라이 왕 앞에 가만히 머리를 조아렸다.

매쓰팬은 트라이 왕이 수학 문제로 원뿔 왕자와 자신을 시험하려 할 것이라고 예상하고 있었다. 그리고 그 예상은 보기 좋게 들어맞았다.

"그래? 음…… 그렇다면 무엇으로 두 사람을 대결시킬까? 좋아! 수학을 이용한 콘테스트로 약혼자를 뽑겠네. 어디, 매쓰팬 자네가 원뿔 왕자의 상대가 되는지 모험 한번 해볼까? 하하하."

"감사합니다."

매쓰팬이 기쁜 목소리로 말했다.

숙소로 돌아온 매쓰팬은 삼각형에 대해 열심히 공부했다.

며칠 뒤, 소식을 전해들은 원뿔 왕자가 트라이 왕을 찾아왔다.

"폐하! 어찌 제가 저런 조무래기를 상대해야 합니까?"

"미안하네. 매쓰팬이 어찌나 하소연을 하던지……. 경쟁자가 아직 어리니 자네가 능력을 발휘하여 이번 기회를 삼각 공주의 마음을 얻는 데 쓰면 되지 않겠나?"

트라이 왕은 은근히 원뿔 왕자의 자존심을 건드렸다. 사실 트라이 왕은 이번 기회에 원뿔 왕자의 능력도 시험해 볼 작정이었다.

"하! 그렇군요. 매쓰팬의 코를 납작하게 만들고 말겠습니다!"

"음흠…… 그러게나."

"내일 시합을 치를 수 있도록 해 주십시오!"

원뿔 왕자의 두 눈은 시합에 대한 의지로 불타올랐다.

"알았네! 꼭 매쓰팬을 이겨 우리 삼각 공주와 약혼하게!"

"당연한 말씀을요! 매쓰팬, 이 삼각제국에서 영원히 사라지게 만들어 주마. 크하하!"

원뿔 왕자는 트라이 왕을 마주보며 호탕하게 웃었다. 트라이 왕도 원뿔 왕자의 승리를 응원했다.

"매쓰팬! 정말 자신 있어? 괜한 도전 하는 것 아냐?"

삼각 공주는 원뿔 왕자와 매쓰팬의 시합이 몹시 걱정되었다.

"자신 있어! 삼각 공주는 약혼식 때 어떤 드레스를 입을지 생각해 두라고. 내가 꼭 원뿔 왕자를 이겨서 삼각 공주와 약혼할 테니까. 알았지?"

매쓰팬은 자신 있는 목소리로 삼각 공주를 안심시켰다.

드디어 시합의 날이 다가왔다.

"원뿔 왕자, 매쓰팬! 둘 다 내말을 잘 듣게. 내가 이 성냥개비를 이용해 문제를 낼 것이네. 문제는 당연히 이 삼각 제국을 대표하는 삼각형에 관한 문제일세. 혹시 모를 상황에 대비하여 둘 사이를 천으로 막을 테니 서로의 답을 넘볼 생각은 꿈도 꾸지 말게!"

트라이 왕은 궁이 찌렁찌렁 울릴 만큼 큰소리로 말했다.

"네!"

"네!"

원뿔 왕자와 매쓰팬이 힘차게 대답했다.

드디어 시합이 시작되었다.

"여기 세 개의 성냥개비로 삼각형을 만들어 보았네. 두 사람에게 성냥개비 세 개씩을 줄 테니 이 삼각형을 네 개의 정삼각형이 되도록 만들어 보게나."

트라이 왕이 매쓰팬과 원뿔 왕자에게 말했다.

"네!"

대답처럼 매쓰팬의 손놀림은 거침이 없었다. 하지만 원뿔 왕자는 문제가 잘 풀리지 않는 듯 문제를 푸는 내내 투덜거렸다.

"뭐야 이게? 이런 황당한 문제를 내다니……. 이 성냥개비들로 도대체 어떻게 삼각형을 더 만들라는 거야?"

"어허, 원뿔 왕자에게 저런 경솔한 면이 있었다니. 쯧쯧."

트라이 왕은 원뿔 왕자의 투덜거리는 모습을 못마땅히 여겼다. 트라이 왕은 자신의 턱수염을 쓰다듬으며, 원뿔 왕자를 좀 더 유심히 지켜보리라 마음 먹었다.

한편, 매쓰팬은 트라이 왕이 낸 문제를 차근차근 풀어나

갔다.

"시간이 다 되었다. 어디 문제를 잘 풀었는지 한번 보도록 할까?"

트라이 왕은 먼저 원뿔 왕자의 성냥개비들을 확인했다.

"이 세 개의 성냥개비로 어찌 정삼각형 네 개를 만들라 하십니까? 이건 말이 안 되는 엉터리 문제예요!"

원뿔 왕자는 세 개의 성냥개비를 나란히 늘어뜨려 놓고

는 문제만을 탓했다.

"이런, 쯧쯧……."

트라이 왕은 원뿔 왕자가 한심하여 혀를 찼다. 그리고는 매쓰팬의 시합대로 천천히 걸어갔다.

"임금님! 저는 이 세 개의 성냥개비로 어떻게 정삼각형 네 개를 만들까 고민했습니다. 허나 방법이 없어 고민하던 중 이렇게 접착제로 성냥개비들을 붙여 네 개의 정삼각형의 면을 가진 정사면체를 만들었습니다."

트라이 왕 앞에서 매쓰팬은 머리를 조아리며 말했다.

"그래! 썩 괜찮구나."

트라이 왕이 짧고 간결하게 대답했다. 왕은 속으로 무척 놀랐지만 아직 매쓰팬의 실력에 확신이 서지 않아 칭찬은 뒤로 미뤘다.

"그럼 다음 문제를 내겠다. 세 개의 성냥개비로 만들어진 삼각형이 있다. 단 한 개의 성냥개비를 더 이용하여 이 삼각형을 두 개의 삼각형으로 만들어 보라!"

트라이 왕은 얼굴색 하나 변하지 않고 문제를 냈다. 하지만 매쓰팬과 원뿔 왕자 두 사람은 난감한 표정을 감출 수 없었다.

"이건 또 뭐야? 도대체 한 개의 성냥개비로 뭘 어떻게 하란 말이야? 저 늙은 왕이 노망이 난 게 분명해!"

원뿔 왕자는 투덜거리며 트라이 왕을 노려보았다.

반면 매쓰팬은 진지한 얼굴로 성냥개비 세 개로 만들어

진 삼각형을 유심히 살펴보았다. 그렇게 한참의 시간이 흘렀다.

"시간이 다 되었다. 모두 손을 멈춰라!"

트라이 왕은 말이 끝나기 무섭게 원뿔 왕자에게로 향했다.

"폐하! 이것 역시 말이 안 되는 문제입니다. 어떻게 한 개의 성냥개비로 두 개의 삼각형을 만들란 말씀이십니까? 이건 도저히 풀 수 없는 문제예요!"

원뿔 왕자는 노력도 하지 않은 채 주저리주저리 변명만 늘어놓으며 트라이 왕을 탓했다.

"이런 고얀!"

트라이 왕은 문제를 풀지 못한 원뿔 왕자에 대한 기대가 한꺼번에 무너져 내렸다. 트라이 왕은 지체 없이 매쓰팬의 결과물을 확인하기 위해 몸을 돌렸다.

"아니, 매쓰팬. 자네 삼각형도 하나로군?"

"설마요, 임금님! 이 문제는 정말 어려웠습니다. 죄송하지만 눈을 좀……."

트라이 왕은 영문도 모른 채 자신의 얼굴을 매쓰팬 앞으로 내밀었다. 그때 매쓰팬은 성냥개비로 트라이 왕의 눈꺼풀을 사정없이 들어 올렸다.

"엉? 지금 이게 무슨 짓인가?"

"자, 임금님! 이제 이 삼각형을 봐 주세요!"

매쓰팬은 삼각형을 손짓하며 가리켰다.

"아니! 오호…… 하나였던 삼각형이 두 개로 보이질 않느냐! 허허허 정말 대단하구나. 대단해!"

트라이 왕은 감탄의 말을 쏟아냈다. 그리고 매쓰팬에게 칭찬의 말을 아끼지 않았다.

그동안 매쓰팬의 훌륭한 모습을 지켜봤던 트라이 왕은 어리다는 이유로 매쓰팬의 능력을 인정하지 않았던 자신을 반성했다.

"매쓰팬! 그동안 정말 미안했네! 자네를 믿지 못한 내가 얼마나 섭섭했나?"

"아니에요. 임금님 역시 삼각 공주를 사랑하는 마음이 커서 그러신 걸요! 앞으로 삼각 공주와 더욱 친하게 잘 지낼게요."

"허허, 그러게."

결국 트라이 왕은 삼각 공주의 약혼자로 매쓰팬을 받아들였다.

"여봐라! 삼각 공주와 매쓰팬의 성대한 약혼식을 준비하라!"

트라이 왕이 명령하자 그제야 상황을 파악한 원뿔 왕자가 후다닥 앞으로 나섰다.

"아니, 폐하! 말이 틀리지 않습니까? 저는 어쩌라고요. 이 원뿔 왕자는……."

원뿔 왕자는 미련을 버리지 못하고 트라이 왕에게 따지고 들었다.

"원뿔 왕자! 내 원뿔 왕자가 그렇게 모자라고 괴팍한 성격인지 미처 몰랐군. 만약 자네와 우리 삼각 공주를 약혼시켰더라면 내 생애 최고의 실수를 저지를 뻔했네! 지금 당장 자네 나라로 돌아가게나!"

트라이 왕은 원뿔 왕자를 한심하게 쳐다보며 버럭 화를 냈다. 할 말이 없던 원뿔 왕자는 아무런 소득도 없이 자기 나라로 되돌아갔다.

삼각 공주와 매쓰팬의 약혼식 준비는 일사천리로 진행되었다. 그리고 왕족과 백성들이 지켜보는 가운데 두 사람의 약혼식이 성대하게 치러졌다.

  이후 매쓰팬은 삼각제국에 머물며 트라이 왕을 도왔다. 매쓰팬은 삼각제국에서 일어나는 크고 작은 문제들을 풀어 수학천재로서의 실력을 확실히 보여주었으며, 트라이 왕과 삼각 공주로부터 큰 신뢰를 얻게 되었다.

축하합니다.

당신은 모든 스테이지를
통과했습니다.

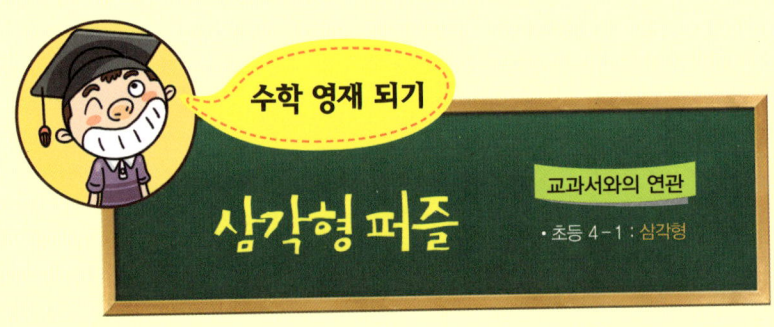

이번에는 삼각형과 관련된 재미있는 퍼즐 문제를 풀어보겠습니다. 먼저 다음 그림을 보세요.

성냥개비로 만든 정삼각형이 3개 있군요. 이들 삼각형에서 성냥개비 2개만 움직여 4개의 정삼각형을 만들어 볼까요? 어떤 성냥개비를 움직여야 삼각형 3개가 4개로 바뀔까요? 어렵다고요? 다음과 같이 하면 간단히 만들 수 있어요.

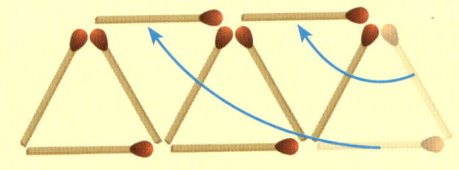

이번에는 다음 그림을 보세요.

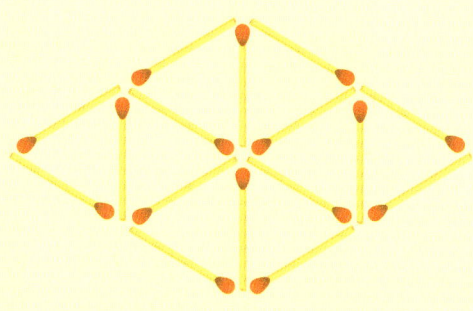

삼각형이 8개인 위의 그림에서 성냥개비 4개를 없애 삼각형을 4개로 만들어 보세요. 이건 조금 어려운 것 같군요. 하지만 조금만 생각하면 의외로 답을 쉽게 찾을 수 있습니다. 정답은 다음 그림과 같아요.

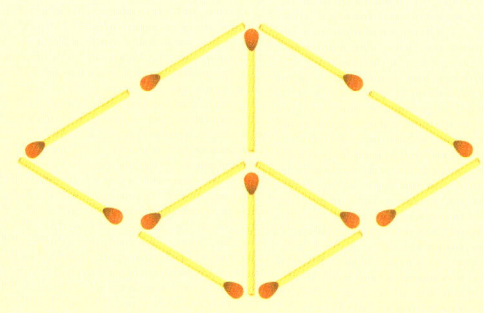

이번에는 바둑알을 이용한 재미있는 수학을 볼까요? 다음과 같이 바둑알을 삼각형 모양으로 놓아볼게요.

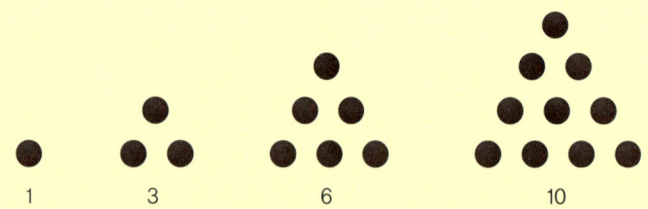

이때 사용되는 바둑알의 수는

1, 3, 6, 10 …

이 되지요. 그리고 이 수들은 다음 규칙을 만족해요.

3 = 1 + 2
6 = 1 + 2 + 3
10 = 1 + 2 + 3 + 4

이번에는 사각형 모양으로 바둑알을 놓아 볼게요.

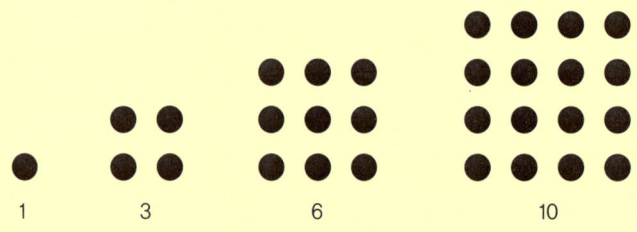

사각형을 이루는 점들의 개수는 다음과 같아요.

$$1, 4, 9, 16 \cdots$$

그런데

$$1 = 1^2$$
$$4 = 2^2$$
$$9 = 3^2$$
$$16 = 4^2$$

이니까 이 수들은 어떤 수의 제곱이에요. 이 수들은 다음과 같은 재미있는 성질을 만족해요.

$$1 = 1$$
$$1 + 3 = 2^2$$
$$1 + 3 + 5 = 3^2$$
$$1 + 3 + 5 + 7 = 4^2$$
$$1 + 3 + 5 + 7 + 9 = 5^2$$

즉 홀수들을 차례로 더하면 항상 사각수가 되지요. 왜 그런지 알아볼까요?

예를 들어 세 번째 사각수를 봅시다.

이것을 다음과 같이 세 영역으로 나누어 봐요.

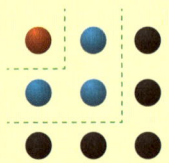

그러면 빨간 점은 1개, 파란 점은 3개, 검은 점은 5개이므로, 전체 점의 개수는

$$1 + 3 + 5$$

가 되죠? 이것은 3^2과 같으므로

$$1 + 3 + 5 = 3^2$$

이 되는 거예요.

생활 수학 카페

성냥개비 퍼즐

요즘은 성냥개비를 구경하기 힘들지만 수학 퍼즐 중에는 성냥개비를 활용하는 것들도 많아요. 그중 삼각형과 관련된 퍼즐은 아주 많지요.

예를 들어, 3개의 성냥개비로 정삼각형을 만들었다고 해 볼게요. 성냥개비는 길이가 같으니까 세 변의 길이가 같은 정삼각형을 쉽게 만들 수 있어요.

그렇다면 3개의 성냥개비를 더 사용해서 처음 만든 삼각형과 똑같은 크기의 정삼각형을 3개 더 만들 수 있을까요?

불가능해 보이죠? 그것은 여러분이 평면 위에 만들어진 정삼각형에 성냥개비를 평면적으로 이어 붙이려고 해서 그래요. 생각을 한 차원 높이면 이 퍼즐은 간단하게 풀린답니다. 처음에 만든 삼각형에 3개의 성냥개비를 입체적으로 이어 붙여 정사면체를 만들어 보세요. 정사면체는 크기와 모양이 같은 정삼각형 4개로 이루어져 있으니까 퍼즐은 쉽게 풀린 셈이죠.

> 기본 다지기

1. 다음 그림에서 성냥개비 5개를 없애서 5개의 삼각형이 되게 하라.

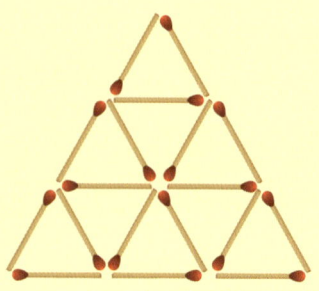

2. 1부터 9까지의 홀수를 모두 더하면 얼마인가?

   a) 16 b) 25 c) 36

> 서프라이즈 진실 혹은 거짓

1. 노란 공 6개와 파란 공 4개로 정삼각형을 만들 때 노란 공 3개가 정삼각형을 이루지 않게 할 수 있다.

    ☐ 진실   ☐ 거짓

2. 다음 그림에서 6개의 성냥개비를 없애서 4개의 삼각형만 남게 만들 수 있다.

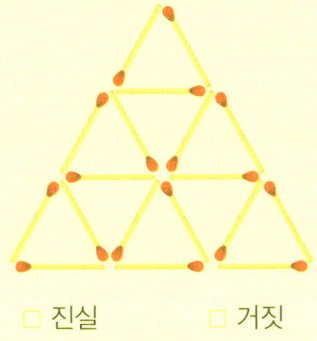

    ☐ 진실   ☐ 거짓

3. 빨간 공 5개, 노란 공 5개, 파란 공 5개가 있다. 이 15개의 공으로 정삼각형의 모양을 만들 때 같은 색깔의 공끼리 나란히 놓이지 않게 할 수 있다.

    ☐ 진실   ☐ 거짓

> **알쏭달쏭** 내 생각

철수가 볼링을 치려고 볼링핀을 놓았는데 그만 방향을 반대로 하여 다음과 같이 세워놓았다.

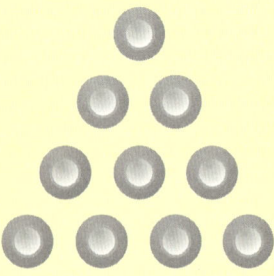

가장 적게 핀을 움직여서 제 위치로 만들려면 몇 개의 핀을 움직여야 할까? 여러분의 생각은?

기본 다지기

1. 답은 아래 그림과 같다.

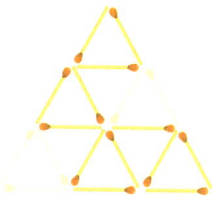

2. b)

서프라이즈 진실 혹은 거짓

1. 진실

다음 그림과 같이 놓으면 된다.

2. 진실

다음 그림과 같이 하면 된다.

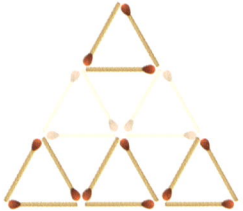

3. 진실

다음 그림과 같이 하면 된다.

알쏭달쏭 내 생각

답 다음 그림과 같이 세 개의 핀만 움직이면 된다.

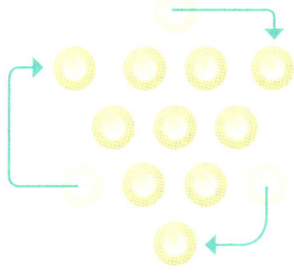

부록 수학자가 쓰는 수학사

피라미드의 높이를 알아낸 수학자 탈레스

탈레스
(B.C. 625-624년경 ~ B.C. 547-546년경)

뛰어난 두뇌로 미래를 예측하다

 여러분 반가워요. 나는 최초의 수학자이자 과학자인 탈레스입니다. 내 고향은 그리스의 식민지인 소아시아(지금의 터키 지역)의 밀레토스예요. 나의 아버지는 부유한 상인이었어요. 그래서 나는 어릴 때부터 아버지를 따라 배를 타고 아라비아나 이집트 등 여러 나라를 돌아다니면서 많은 지식을 얻을 수 있었어요.

나는 어릴 때부터 머리가 아주 좋았어요. 내 머리가 얼마나 비상했는지를 알 수 있는 재미있는 일화들이 있어요. 한번 들어볼래요?

나는 젊었을 때 날씨에 대한 관심이 아주 많았습니다. 그래서 하늘을 자주 관찰하고 날씨를 예측하곤 했지요. 그러던 어느 날, 나는 그해의 올리브가 대풍작이 될 거라는 예측을 하게 되었어요. 올리브는 밀레토스를 비롯한 지중해를 끼고 있는 지방의 대표적인 작물이에요. 올리브에서 기름을 짜기 위해서는 착유기(올리브 기름을 짜는 기계)라는 기계가 필요한데, 그 해 나는 모든 착유기를 빌려놓았습니다. 나의 예언대로 그해 올리브는 대풍작이 되었어요. 많은 상인이 올리브기름을 만들기 위해 착유기를 구하려고 했지만 모든 착유기를 내가 먼저 빌려놓은 상태여서 상인들은 비싼 돈으로 내게서 착유기를 빌려야만 했지요. 그렇게 나는 이 사업으로 많은 돈을 벌었답니다.

여러분은 게으름 피는 당나귀의 이야기를 알고 있지요? 그것은 나와 관련된 일화랍니다. 내가 이집트에서 소금 장사를 할 때였어요. 소금 포대를 여러 마리의 나귀에 싣고 강을 건너는데 한 나귀가 실수로 그만 강물에 빠졌어요. 그래서 등에 싣고 있

부록 | 탈레스가 쓰는 수학사

던 소금이 강물에 녹아 짐이 매우 가벼워졌지요. 재미를 붙인 나귀는 강을 건널 때마다 넘어져서 나는 항상 손해를 보았어요. 이 사실을 안 나는 소금 대신 솜을 그 나귀의 등에 실었어요. 여느 때와 마찬가지로 나귀는 강물을 건너갈 때 일부러 넘어졌지요. 하지만 그 결과는 반대로 되었답니다. 물을 먹은 솜은 오히려 무거워져서 나귀는 더 고생을 했지요. 그 날 이후 나귀는 다시는 강에서 넘어지지 않았어요. 어때요 이 정도면 내가 얼마나 현명한지 알겠죠?

부자가 된 나는 사업에서 손을 떼고 공부를 위해 여행을 다녔습니다. 그렇게 간 곳이 이집트예요. 나는 이집트에서 천문학에서의 대발견을 하게 되지요. 그 얘기를 해 볼게요.

기원전 585년 리디아와 메디아는 오랫동안 전쟁을 치르고 있었습니다. 백성들은 오랜 전쟁으로 지쳐있었지요. 나는 불쌍한 백성들을 보고 이 전쟁이 끝나게 하고 싶었습니다. 나는 태양과 달의 운동을 조사했어요. 그리고 태양과 지구 사이에 달이 들어와 태양이 달의 그림자에 가려질 때 일식이 일어난다는 것을 알게 되었지요.

나는 과거에 일식이 일어났던 기록들을 살펴봤어요. 그리고 그해 5월 28일에도 일식을 일어난다는 것을 알아냈습니다. 나는 두 나라의 왕에게 전쟁을 멈추지 않으면 금년 5월 28일에 대낮에도 밤처럼 어두워질 것이라고 말하면서 전쟁이 끝나기를 기다렸어요. 하지만 리디아와 메디아의 왕은 나의 예언을 믿으려하지 않았어요.

드디어 5월 28일. 두 나라는 여전히 전쟁 중이었는데 갑자기 하늘이 어두워지더니 이내 태양이 사라졌습니다. 나의 예언대로 일식이 일어난 것이죠. 전쟁을 하던 군인들은 두려움에 떨었어요. 결국 이 사건으로 두 나라의 왕은 나의 예언을 믿게 되었어요. 그리고 전쟁을 계속하면 신의 노여움을 살 거라고 생각한 두 왕은 전쟁을 멈추었지요. 마침내 나의 소원대로 전쟁은 끝이 나고, 두 나라의 백성들은 전쟁으로부터 벗어날 수 있게 되었습니다.

피라미드의 높이를 구하다

나는 최초의 수학자입니다. 물론 당시의 수학은 주로 도형에 대한 연구였어요. 그럼 내가 최초로 알아낸 수학에는 어떤 것이 있는지 알아볼게요.

| 부록 | 탈레스가 쓰는 수학사 |

만약 주변에 가위가 있다면, 가위를 벌려보세요. 이때 가위의 두 날이 이루는 각도와 가위의 두 손잡이가 이루는 각도는 같답니다.

이렇게 '두 개의 직선이 한 점에서 만날 때 서로 마주 보는 각도는 같다'는 것을 나는 처음으로 발견하고 증명했답니다.

이등변 삼각형을 반으로 접으면 완전히 포개지죠? 또 원을 반으로 접으면 완전히 포개지죠? 이런 것들은 모두 내가 발견한 도형의 성질들입니다.

물론 내가 발견한 정리들은 기초적인 도형의 성질이에요. 나는 이 모든 정리들을 증명하였고, 나의 업적은 훗날 기하학을 완성시킨 그리스의 유클리드에게 큰 영향을 주었습니다.

하지만 나를 가장 유명하게 만든 사건은 피라미드의 높이를 최초로 알아낸 것입니다. 나는 간단한 비례식을 이용하여 이 일을 해결할 수 있었지요. 그러면 내가 어떻게 피라미드의 높이를 알아냈는지 볼까요?

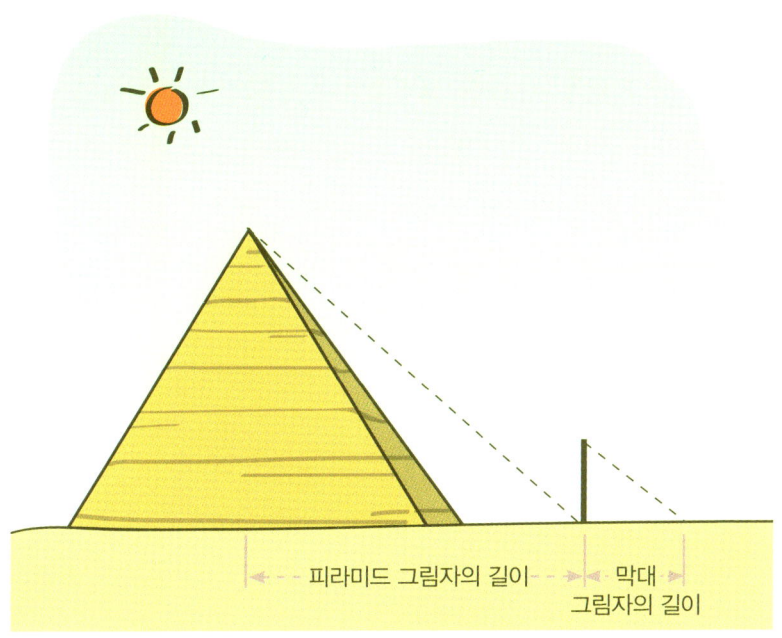

나는 피라미드 옆에 막대를 세웠습니다. 그리고 피라미드의 높이와 피라미드의 그림자의 비가 막대의 길이와 막대의 그림자의 길이의 비와 같다는 것을 알아냈지요. 그러므로 막대의 그림자가 막대와 같은 길이가 되었을 때, 피라미드의 그림자의 길이가 바로 피라미드의 높이가 되지요.

부록 탈레스가 쓰는 수학사

정전기 현상의 발견

풍선을 털옷에 오랫동안 문지른 다음에 벽에 붙여 보세요. 풀이 없이도 풍선이 잘 붙지요? 또 플라스틱판을 털옷에 문지른 다음 머리에 가까이 해 봅시다. 그러면 머리카락이 위로 솟으면서 플라스틱판에 달라붙지요? 이런 것은 정전기 현상 때문입니다.

정전기 현상의 예는 그 밖에도 많지요. 랩이 접시에 달라붙거나 치마가 스타킹에 달라붙는 것도 정전기 현상이니까요.

나는 이런 정전기 현상을 최초로 발견했어요. 나는 동물의 털가죽에 호박(한복의 단추로 쓰이는 노르스름한 광물)을 문지르면 호박에 가벼운 새의 깃털이 달라붙는 현상을 최초로 발견했습니다.

또한 나는 자석에 쇠붙이가 달라붙는 현상을 처음으로 관찰했답니다. 나는 마그네시아 지방에 많이 나는 자철석이라는 돌멩이에 쇠붙이가 달라붙는 것을 알아냈지요. 자석을 영어로 '마그넷(magnet)'이라고 부르는 것은 이런 이유 때문입니다.

하지만 정전기가 왜 일어나며, 자석에 쇠붙이가 왜 달라붙는지는 18세기에 물리학자들에 의해 그 비밀이 밝혀지게 되지요.

모든 사물의 공통 원소는 '물'

나는 이 세상의 모든 사물이 공통의 원소로 이루어져 있다고 믿었고, 그것을 기본원소라고 불렀습니다. 그리고 내가 생각한 기본원소는 물이었지요. 나의 고향 밀레토스 지역은 지중해 연안으로, 따뜻한 기온 때문에 대부분의 사람들이 농사를 지으며 살았습니다. 나는 농사를 짓는 데 있어 물이 얼마나 중요한지를 어릴 때부터 알 수 있었지요. 그러니까 내가 생각한 기본원소는 사람이나 동식물이 살아가는 데 가장 필수적인 물질이었던 것입니다.

나는 물질의 모양이 변하는 것도 기본원소인 물로 설명했어요. 물질은 제각기 서로 다른 모양을 하고 있습니다. 물렁물렁한 물질도 있고, 단단한 물질도 있고, 강물처럼 흐르는 물질도 있고, 연기처럼 하늘로 날아 올라가는 물질도 있습니다.

물질이 이렇게 서로 다른 모양을 가지고 있는 것은 물이 세 가지의 모습을 가지고 있기 때문입니다. 물은 추워지면 얼음처럼 딱딱한 성질을 갖고, 평상시에는 냇물처럼 흐르는 성질을 갖으며, 뜨거워지면 수증기가 되어 위로 올라가는 성질을 지니고 있습니다. 그러므로 물질이 어떤 모양의 물로 이루어져 있는가에

| 부록 | 탈레스가 쓰는 수학사 |

따라 물질의 모양이 달라진다는 것이 나의 생각이었지요.

나의 기본원소에 대한 생각은 뒤에 아리스토텔레스에게 큰 영향을 주게 되었습니다. 아리스토텔레스는 나의 이론을 확장하여 기본원소를 물, 불, 흙, 공기의 네 가지라고 주장했는데 이것이 바로 유명한 4원소설입니다.

하지만 나와 아리스토텔레스의 기본원소에 대한 연구는 근대에 와서 보일의 원소설이나 돌턴의 원자설이 나온 후에는 사라지게 되지요.

GO! GO! 과학특공대 28
신기하고 놀라운 삼각형

지은이 • 정 완 상
펴낸이 • 조 승 식
펴낸곳 • 도서출판 이치 사이언스
등록 • 제9-128호
주소 • 01043 서울시 강북구 한천로 153길 17
홈페이지 • www.bookshill.com
전자우편 • bookshill@bookshill.com
전화 • 02-994-0583
팩스 • 02-994-0073

2014년 1월 10일 제1판 1쇄 발행
2020년 3월 15일 제1판 4쇄 발행

가격 7,500원

ISBN 978-89-98007-18-8
       978-89-91215-70-2(세트)

• 잘못된 책은 구입하신 서점에서 바꿔 드립니다.
• 이 도서의 국립중앙도서관 출판시도서목록(CIP)은
서지정보유통지원시스템 홈페이지(http://seoji.nl.go.kr)와
국가자료공동목록시스템(http://www.nl.go.kr/kolisnet)에서
이용하실 수 있습니다. (CIP제어번호: CIP2013026512)

GO! GO! 과학특공대 시리즈

1. 가장 위대한 발명 **수**
2. 끼리끼리 통하는 **암호**
3. 구석구석 미치는 **힘**
4. 찌릿찌릿 통하는 **전기**
5. 온도와 상태를 변화시키는 **열**
6. 세상의 기본 알갱이 **원자**
7. 수·금·지·화·목·토·천·해 **태양계**
8. 몸무게가 줄어드는 **달**
9. 끝없는 초원에서 만난 **아프리카 동물**
10. 숨 쉬고 운동하는 **식물의 생활**
11. 달려라 달려 **속력**
12. 흔들흔들 **파동**
13. 세어볼까? **경우의 수**
14. 울려라 울려 **악기과학**
15. 초록 행성 **지구**
16. 보글보글 **기체**
17. 조각조각 **분수**
18. 반사하고 굴절하는 **빛**
19. 무게가 없는 **무중력**
20. 나눌까 곱할까? **약수와 배수**
21. 꾹꾹 눌러 **압력**
22. 뛰어 보자 **수뛰기**
23. 둥둥 뜨게 하는 **부력**
24. 외계에서 온 **UFO**
25. 쉽고 빠른 셈셈 **셈**
26. 우리의 가장 오랜 친구 **곤충**
27. 밀고 당기는 **자석**
28. 신기하고 놀라운 **삼각형**
29. 맞혀 볼까? **확률**
30. 한눈에 쏙쏙 **통계**

**다음 책들이 곧 여러분을 만날 준비를 하고 있습니다.
많이 기대해 주세요.**

- 사각형
- 비율
- 도형
- 놀이동산
- 도구
- 액체
- 화학반응
- 용액
- 숲속의 벌레
- 우리 주위의 동물
- 세계 곳곳의 동물
- 새
- 여러 종류의 동물
- 소화
- 인체
- 지구 변화
- 날씨
- 지질시대
- 바다